Knaur

Von Erich Bauer sind außerdem erschienen:

Ihr persönlicher Astrobegleiter für das neue Jahrtausend:

Widder
Stier
Zwillinge
Krebs
Löwe
Jungfrau
Waage
Skorpion
Schütze
Steinbock
Wassermann

Das Liebeshoroskop:

Widder
Stier
Zwillinge
Krebs
Löwe
Jungfrau
Waage
Skorpion
Schütze
Steinbock
Wassermann
Fische

Über den Autor:

Erich Bauer, Jahrgang 1942, ist Diplompsychologe, Heilpraktiker und Journalist. Seit 1980 beschäftigt er sich intensiv mit psychologischen Grenzgebieten, Schwerpunkt Astrologie. Er ist Autor zahlreicher Bücher und verfaßt Tages-, Monats- und Jahreshoroskope u. a. für *Cosmopolitan, Hamburger Abendzeitung, Berliner Morgenpost* und das Fernsehen. Er ist Chef-Astrologe der wöchentlich erscheinenden *Astrowoche* und hat eine eigene Praxis in München.

Erich Bauer

Fische

20. 2. – 20. 3.

Ihr persönlicher Astrobegleiter
für das neue Jahrtausend

2000 – 2001 – 2002

Liebe • Gesundheit • Karriere

Knaur

Redaktion: Ralf Lay, Mönchengladbach

Originalausgabe Oktober 1999

Umschlaggestaltung: Agentur Zero, München
Umschlagillustration und Graphiken: Isabella Roth, Hamburg
Layout und Satz: Sabine Hüttenkofer, München
Druck und Bindung: Ebner Ulm
Printed in Germany
ISBN 3-426-82312-8

5 4 3 2 1

Für Vinod und Roland

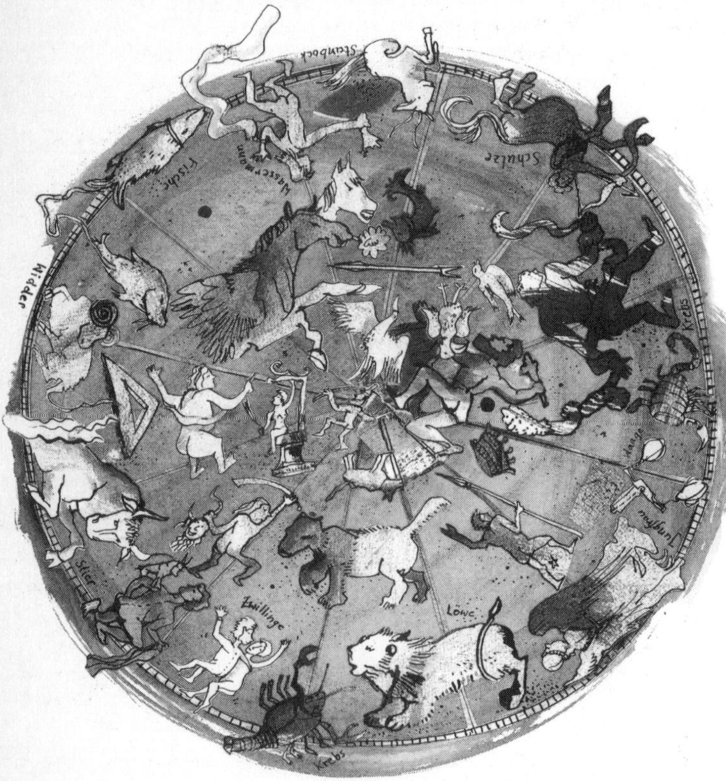

Die Sternzeichen des nördlichen Tierkreises bilden die Grundlage der Astrologie

INHALT

VORWORT

Das Jahr 2000 beeindruckt. Schon das Runde und Glatte der Zahl sticht ins Auge: eine Zwei mit drei Nullen. Des weiteren ist das Jahr nicht klar einzuordnen. Es gehört nicht mehr zum zweiten Jahrtausend, aber auch noch nicht richtig zum dritten. Es ist ein Jahr dazwischen. Es ist die Null, die nichts und alles sein kann. Im Tarot, dem berühmten Kartenorakel, steht die Null für die Karte des »Narren«, einer Figur, die das Absichtslose, Spielerische und Flüchtige verkörpert. Als Ziffer Null obliegt ihm aber auch eine »Jokerfunktion«. Er kann alles sein: beängstigend wie »Die Zerstörung« (die Karte XVI), deprimierend wie »Der Tod« (XIII), beruhigend wie »Die Kaiserin« (III), hoffnungsvoll wie »Die Auferstehung« (XX) und fröhlich wie »Das Glücksrad« (X). Ähnlich löst auch das Jahr »Null« die unterschiedlichsten Gefühle aus: Angst, Hoffnung, Freude und Trauer über eine Zeit, die für immer vergangen ist.

Den Übergang in dieses Jahr 2000 zu erleben und dann zu erfahren, wie die ersten Stunden, Tage und Monate vergehen, ist etwas ganz Besonderes, Einmaliges. Man ist privilegiert. Wer dabei ist, fühlt sich herausgehoben, selbst wenn der Verstand es nicht wahrhaben will: »Was soll schon sein? Unsere Zeiteinteilung ist doch nur etwas Künstliches! Warum sollte diesem Jahr Null eine außergewöhnliche Bedeutung zukommen?«

Aber unsere Seele erlebt in Bildern. Sie unterteilt das Dasein in symbolhafte Abschnitte wie Kindheit, Jugend und Alter oder orientiert sich an markanten Zeitpunkten wie Silvester, Ostern, Pfingsten und Weihnachten. Mit diesen Perioden und Ereignissen verknüpft sie Gefühle der Hoffnung und der Freude, aber ebenso der Angst und Trauer, weil ihr immer auch die Vergänglichkeit der Zeit gegenwärtig ist. Ein Jahrtausend empfindet die Seele als eine große Einheit, in der sich die Entwicklung der Menschheit messen läßt.

Diese Jahrtausendwende, die das Bild vom »Punkt Null« entstehen läßt, signalisiert einen neuen Beginn. Die menschliche Psyche wähnt sich am Anfang, Sie nimmt eine tiefen »Atemzug«: »Jetzt ist es soweit! Jetzt wird alles anders ...!«

Bei einer Zweitausendjahrwende kommt noch etwas hinzu: Alle zweitausend Jahre wechselt nämlich das regierende Tierkreiszeichen. Die

letzten beiden Jahrtausende stand das Fischezeichen im Frühlingspunkt (siehe das Kapitel »2000 und weiter ...«). Jetzt befinden wir uns in der Zeit des Wassermanns, einer Ära, die schon seit Jahren immer wieder proklamiert wird und an die gewaltige Hoffnungen geknüpft sind: »Wenn der Mond im siebten Hause steht und Jupiter auf Mars zugeht, dann beginnt die Zeit des Wassermanns ...« – so wurde bereits vor etwa dreißig Jahren im Musical »Hair« gesungen.
Doch was bringt uns dieses neue Zeitalter, das »New Age«, denn eigentlich konkret? Was ändert sich jetzt in dem ersten Jahr nach der Jahrtausendwende – oder genauer: dem Jahr Null des dritten Jahrtausends? Dazu drei Thesen:

1. Der soziale Unterschied zwischen Frauen und Männern wird sich voraussichtlich weiter nivellieren. Aus astrologischer Sicht lebten Frauen in den vergangenen zweitausend Jahren vorrangig »ihren Mond« – sie waren Hausfrau und Mutter und vom Mann abhängig, so wie der Schein des Mondes (in der Astrologie Symbol für das Weibliche) von der Sonne (das Zeichen für das Männliche). Anders ausgedrückt, werden Frauen in der neuen Zeit ihr Sonnenzeichen (das ist ein anderes Wort für »Tierkreis-« oder »Sternzeichen«) erst richtig kennenlernen und leben, und zugleich werden Männer ihrem Mondzeichen näherkommen. Das ist einer der Gründe, warum dieses Buch Ihre *Sonnen- und Mondposition* beleuchtet und Ihre damit verbundenen Chancen in der neuen Zeit zeigt.

2. Das nächste Jahrtausend wird mit einer gigantischen Individualisierung einhergehen. »Wir werden immer verschiedener, individueller – und freier ...«, sagt beispielsweise der Zukunftsforscher Matthias Horx. Für die Seele bedeutet Befreiung aber stets auch Verunsicherung: Was kommt auf mich zu? Wie wird es mir ergehen? Bin ich der Zukunft gewachsen? Die Astrologie gehört wohl zu den geeignetsten Methoden, mit denen sich solche Fragen angehen lassen. Rückblickend auf einen Erfahrungsschatz, der mit den Jahrtausenden gewachsen ist, hat sie sich ständig den Bedingungen der jeweils neuen Zeit gestellt und ist an ihnen gewachsen. Sie verfügt zudem über ein differenziertes System zur Erforschung der menschlichen Persönlichkeit. Allerdings ist es hierzu nötig, nicht nur sein Sonnenzeichen zu kennen. Für eine wirklich individuelle Horoskopdeutung spielen auch noch weitere Fakto-

ren eine Rolle, etwa Ihr *Aszendent* oder die Position Ihres *Mondes,* Ihrer *Venus* und Ihres *Jupiter,* die Sie mit Hilfe dieses Buches ermitteln können.

3. Des weiteren sind sich die Zukunftsforscher darin einig, daß das neue Jahrtausend von allen Menschen noch mehr Flexibilität und Mobilität verlangt. Wie sich schon in den vergangenen Jahren und Jahrzehnten abzeichnete, wird der Fall, daß sich jemand nach dem Hauptschulabschluß oder Studium für einen Beruf entscheidet und dann auf diesem einmal eingeschlagenen Geleise bis zur Pensionierung fährt, immer seltener vorkommen. In der vor uns liegenden Zeit wird sich der Trend, daß man sich beruflich öfter neu orientiert, somit noch verstärken. Aber wann ist der richtige Zeitpunkt für einen solchen Wechsel? Auch hier ist es wiederum die Astrologie, die seit Jahrtausenden Königen wie Bettlern den Weg weist. Sie sagt, wann es Zeit für die Liebe ist und wann der Beruf vorgeht, zeigt also günstige Phasen für die Lust wie solche für die Arbeit. Sie weist auf Gefahren hin, spricht Warnungen aus und ermuntert zur mutigen Entscheidung im günstigen Augenblick. Der dritte Teil des Buches verrät Ihnen deshalb anhand von Kurven, Tabellen und Begleittexten *den richtigen Zeitpunkt* für Ihre Aktivitäten und die Veränderungen, die Sie in Ihrem Leben vornehmen möchten. Dieser dritte Teil wurde für das Jahr 2000 neu geschrieben. Er berücksichtigt alle wichtigen Planetenveränderungen im ersten Jahr nach der Jahrtausendwende.

Gerüstet mit dem Wissen, das in diesem Buch vermittelt werden soll, haben Sie die besten Chancen, Ihr Schicksal »in die Hand zu nehmen«. Sie werden den Fährnissen des Neubeginns einer Zeitenwende gelassener entgegensehen und die Gelegenheiten, die auf Ihrem Weg liegen, erkennen.
Ich wünsche Ihnen Hoffnung, weil dieses Gefühl Sie beflügeln wird. Ich wünsche Ihnen noch mehr, daß Ihre Hoffnungen in Erfüllung gehen. Uns allen wünsche ich, daß das neue Jahrtausend tatsächlich immer mehr dem neuen Zeitalter ähnelt. Daß die Menschen sich endlich »wie Menschen« begegnen – würdevoll, liebevoll, respektvoll, auf gleicher Ebene.

Erich Bauer im Sommer 1999

Schon immer suchte der Mensch einen Halt bei den Sternen

EINLEITUNG

Eine kurze Geschichte der Astrologie

Am Anfang jeder Geschichte der Astrologie steht das Bild des nächtlichen, mit Sternen übersäten Himmels. Der Mensch früherer Zeiten hat ihn sicher anders erlebt als wir. Er wußte nichts von Lichtjahren und galaktischen Nebeln. Er erschaute das Firmament eher vergleichbar einem Kind. Und als Kind der Frühzeit sah er sich nicht, wie wir heute, als getrennt von diesem Himmel, sondern als eins mit ihm. Er fand sich in allem und fand alles in sich. Und er folgte dem Rhythmus dieses großen Ganzen, ähnlich wie ein Kind seiner Mutter folgt. Dabei fühlte er sich wohl getragen und geborgen.

Wann die Menschheit anfing, sich aus diesem Gefühl der Allverbundenheit zu lösen, ist schwer zu sagen. Die überlieferten Zeichen sind rar und rätselhaft. Aber als der Homo sapiens begann, die Sterne zu deuten, war er dem großen Ozean seit Äonen entstiegen, er sah sich und den Himmel längst als getrennte Einheiten. Doch kam es irgendwann dazu, daß der Mensch Beziehungen zwischen den Sternbildern und dem Leben auf der Erde wiederentdeckte, deren Kenntnis er eigentlich schon immer besaß. Beispielsweise erlebte er, daß ein Krieg ausbrach, während am Himmel ein Komet auftauchte und die normale Ordnung der Sterne störte. Oder er empfand großes Glück, während sich am Himmel zwei besonders helle Lichter trafen. Er begann solch auffällige Lichter mit Namen zu versehen: »Helios« beispielsweise – oder »Jupiter«, »Mars« oder »Venus«. Er ging sogar dazu über, bestimmte Sterne als Gruppen (Sternbilder) zusammenzufassen und ihnen Namen zu geben, etwa »Widder« oder »Großer Wagen«. Immer wieder beobachtete er typische Gestirnskonstellationen, die parallel zu markanten Ereignissen auf der Erde auftraten. Nach den Gesetzen der Logik entwickelte er aus diesen Zusammenhängen mit der Zeit eine Wissenschaft, die Astrologie, die ihm zum Beispiel die Schlußfolgerung erlaubte, daß auf der Erde Gefahr droht, wenn Mars in das Tierkreiszeichen Skorpion eintritt. So fand der Mensch allmählich seine verlorene Einheit wieder und baute eine Brücke, die ihn mit seinem Urwissen verband, das er im Inneren seiner Seele aber nie wirklich verloren hatte.

DER URSPRUNG

Die Urheimat der Sternkunde war nach heutigem Erkenntnisstand Mesopotamien, das Land zwischen den Flüssen Euphrat und Tigris, das jetzt »Irak« heißt. Dort war der menschliche Geist wohl am kühnsten und vollzog als erster endgültig die Trennung zwischen Mensch und Schöpfung. Die Sterne am Himmel bekamen Götternamen, etwa den des Sonnengotts Schamasch und der Göttin Ischtar, die auch als Tochter der Mondgöttin verehrt wurde und die sich als leuchtender Venusstern offenbarte. Da der Mond, die Sonne und einige andere Lichter im Vergleich zu den Fixsternen scheinbar wanderten, nannte man diese Planeten »umherirrende« oder »wilde Schafe« und unterschied sie von den »festgebundenen« oder »zahmen Schafen« – den Fixsternen, die vom Sternbild Orion, dem »guten Hirten«, bewacht wurden. Der größte Planet des Sonnensystems, mit heutigem Namen »Jupiter«, war im Land zwischen den zwei Strömen ein Sinnbild des Schöpfergottes Marduk. Sein Sohn und Begleiter hieß »Nabu« und wurde später zu »Merkur«. Das rötlich funkelnde Gestirn Mars wiederum war die Heimat des Herrn der Waffen, der genauso als Rachegott angesehen wurde. Saturn war ebenfalls bereits entdeckt worden und wurde als eine »müde Sonne« betrachtet. Außerdem galt er als Gott der Gerechtigkeit, Ordnung und Beständigkeit. Gemeinsam mit anderen Göttern erhob sich schließlich der Rat der zwölf Gottheiten, und damit hatten auch die zwölf verschiedenen astrologischen Prinzipien ihren Auftritt. Zu all diesen Erkenntnissen kam man im Zweistromland etwa zwischen dem 7. und 4. vorchristlichen Jahrhundert.

Man hat Tafeln aus dem 2. Jahrhundert vor Christus gefunden, auf denen Beobachtungen über den Lauf von Sonne, Mars und Venus eingezeichnet waren. Auch Zeugnisse von ersten Geburtshoroskopen stammen aus dieser Zeit. Im Jahr 1847 wurden bei den Ruinen von Ninive 25 000 Tontafeln ausgegraben. Man datierte sie ins Jahr 600 vor Christus. Auf einem Teil dieser Tafeln befinden sich Weissagungen, die, mit etwas Zeitgeist aufgefrischt, ohne weiteres der astrologischen Seite einer modernen Tageszeitung entstammen könnten: »Wenn Venus mit ihrem Feuerlicht die Braut des Skorpions beleuchtet, dessen Schwanz dunkel ist und dessen Hörner hell leuchten, so wird Regen und Hochflut das Land verwüsten.«

Das ist eine »professionelle« astrologische Vorhersage. Damit war Spezialistentum an die Stelle einer ganzheitlichen Naturerfahrung getreten. Denn inzwischen hatte nur der fachkundige Astrologe die Zeit und das Wissen, den Himmel zu studieren, um daraus Rückschlüsse auf die Ereignisse im Weltgeschehen zu ziehen. Bald mußte dieser Fachmann auch nicht einmal mehr den Himmel selbst beobachten. Spätestens im 1. Jahrhundert vor Christus gab es Ephemeriden. Das sind Bücher, aus denen die Stellung der Gestirne zu jeder beliebigen Zeit herausgelesen werden kann. Die Astrologie, wie sie auch heute noch betrieben wird, war damit endgültig geboren.

DIE BLÜTE

In den nun folgenden anderthalbtausend Jahren erlebte die Astrologie eine Blütezeit kolossalen Ausmaßes. Dafür steht ein so bedeutender Name wie Claudius Ptolemäus. Er lebte im 2. Jahrhundert nach Christus und vertrat das geozentrische Weltbild mit der Erde im Mittelpunkt, auf das sich die Menschheit nach ihm noch länger als ein Jahrtausend beziehen sollte. Er war Geograph, Mathematiker und ein berühmter Astrologe und Astronom, der das bis in unsere Zeit fast unveränderte Regelwerk der Astrologie, den *Tetrabiblos*, welcher aus vier Büchern besteht, verfaßte. Darin riet er zu einer sorgfältigen Gesamtschau des Geburtshoroskops. Er erwähnte auch, daß man bei der Beurteilung eines Menschen ebenso dessen Milieu und Erziehung berücksichtigen solle, was einer modernen ganzheitlichen psychologischen Betrachtungsweise entspricht.

Eine spätere Berühmheit in der Geschichte der Astrologie war Philippus Theophrastus Bombastus von Hohenheim (1493–1541), der sich selbst stolz Paracelsus nannte. Er war Arzt, Alchimist sowie Philosoph, und von ihm stammt jener von Astrologen so viel zitierte Satz: »Ein guter Arzt muß immer auch ein guter Astronomus sein.« Dazwischen lebte der Bischof Isidor von Sevilla (560–636). Er schrieb, ein Arzt solle immer auch sternkundig sein. Erwähnt werden muß natürlich die berühmte weibliche Vertreterin einer sternenkundigen Heilkunst Hildegard von Bingen (1098–1179). Sie war fasziniert von den Analogien zwischen Himmel und Erde, sammelte Kräuter, pflanzte sie im Klostergarten an und schrieb über die Wirkung der Mondphasen. Natürlich war die heilige Hildegard nicht der einzige weibliche astrologisch denkende Mensch. Aber ihr Name sei hier stellvertretend genannt für

all die Frauen, die als Tempelpriesterinnen, Nonnen und angebliche Hexen ihr ganzheitliches Wissen über die Jahrhunderte hinweg weitergegeben haben.
Bis ins 16. Jahrhundert dauerte die Hoch-Zeit der Astrologie. Beinahe alle angesehenen Denker – wie Platon und Aristoteles im Altertum, Naturwissenschaftler wie Nikolaus Kopernikus (1473–1543), Johannes Kepler (1571–1630) und Galileo Galilei (1564–1624) – dachten astrologisch und berechneten auch Horoskope. Am bekanntesten ist das von Kepler angefertigte Horoskop Wallensteins aus dem Jahr 1608. Die Astrologie wurde an den Universitäten gelehrt, und auch viele Bischöfe und einige Päpste förderten die Sternkunde. Wie es heute selbstverständlich ist, daß ein Naturwissenschaftler Einsteins Relativitätstheorie kennt und versteht, so war damals jeder denkende Kopf in der Astrologie bewandert.

DER NIEDERGANG

Bereits Ende des 16. Jahrhunderts hatte die Astrologie ihren guten Ruf in vielen Ländern Europas verloren. Es gab päpstliche Anordnungen wie die Bulle »Constitutio coeli et terrae« von 1586, in der ein Verbot der Astrologie ausgesprochen wurde, und die meisten Universitäten schafften ihren Lehrstuhl für Astrologie ab.
Worauf war dieser rapide Niedergang zurückzuführen? Es gibt sicher zahlreiche Gründe. Der wichtigste ist, daß sich der menschliche Geist von den Fesseln tradierter Vorstellungen zu befreien begann. Er löste sich mit der Reformation von Rom und später mit der Französischen Revolution von seinen königlichen und kaiserlichen »Göttern«. Da war es nur konsequent, sich auch von den »Göttern am Himmel« loszusagen. Der zweite Grund war der, daß sich im Laufe der Zeit grobe Fehler astrologischer Vorhersagen herumsprachen. So hatte es wohl keine Prophezeiung gegeben, die den Dreißigährigen Krieg oder die Pest rechtzeitig in den Sternen sah. Der dritte Grund wird häufig von den professionellen Astrologen angeführt. Sie behaupten, daß die falschen Propheten, also die unseriösen Astrologen, der wahrhaften Sterndeutekunst das Aus bescherten. Eine Kunst wie die Astrologie lockt natürlich auch faustische Gestalten an, die davon besessen sind, dem Schicksal einen Schritt voraus zu sein. Solche Schwarmgeister und falsche Propheten haben der Astrologie bestimmt geschadet, be-

Die 1524 prophezeite Sintflut aufgrund einer Planetenballung im Fischezeichen fand nicht statt

sonders auch, weil durch die Erfindung der Buchdruckerkunst jede selbst noch so törichte Prophezeiung in einer hohen Auflage verbreitet werden konnte. Aber den guten Ruf der Astrologie haben letztlich auch sie nicht ruiniert.
Nein, es waren die Astrologen selbst. Als im 16. und 17. Jahrhundert durch immer neue Entdeckungen die Erde ihre zentrale Stellung verlor und sich ein völlig neues naturwissenschaftliches Verständnis durchsetzte, versuchte die Astrologie mitzuhalten und verlor wegen ihrer unhaltbaren Thesen jeden Kredit in den gelehrten Kreisen. Schon Kepler, der seiner Zeit um Jahrzehnte voraus war, hatte die Astrologen gewarnt und ihnen geraten, ihre Kunst nicht auf einen naturwissenschaftlichen, sondern auf einen philosophischen Boden zu stellen. Er sagte, es sei unmöglich, zu denken, daß die Sterne mittels irgendwelcher Strahlungen die menschliche Seele berühren könnten. Er sprach in diesem Zusammenhang von einem astrologischen Instinkt, der im menschlichen Geist verankert sei. Aber sein »psychologischer Ansatz« wurde überhört und ging schließlich völlig unter. Die Astrologen sahen sich im Gegenteil dazu veranlaßt, immer hanebüchenere »wissenschaftliche« Thesen aufzustellen. Die Folge war ein gewaltiges Gelächter der gesamten gelehrten Welt im 17. Jahrhundert, das bis heute noch nicht verklungen ist.

DER NEUBEGINN

Erst im 19. und dann besonders im 20. Jahrhundert besann sich der Mensch wieder vermehrt seiner fernen Vergangenheit. Der Schweizer Psychoanalytiker C. G. Jung etwa sagte, daß die Astrologen endlich darangehen müßten, ihre Projektionen, die sie vor Jahrtausenden an den Himmel geworfen hätten, wieder auf die Erde zurückzuholen. In jeder menschlichen Seele seien die Kräfte der astrologischen Archetypen, der archaischen Urbilder, enthalten und dort wirksam. So wird der Raum am Himmel mit den Zeichen und Planeten zu einer Landkarte menschlicher Anschauung. Dabei ist es nicht so, daß zum Beispiel der Planet Mars die Geschicke *bestimmt*, sondern er *zeigt* durch seine Position den Gesetzen der Analogie folgend *auf*, was in der menschlichen Seele vor sich geht.

Nach seiner jahrtausendelangen Reise heraus aus der Allverbundenheit hat der Mensch also begonnen, den Bezug zu seinen Ursprüngen wiederherzustellen. Er besinnt sich als kritischer und freier Geist darauf, was schon immer in ihm vorhanden war. Damit beginnt die Ära einer psychologischen oder philosophischen Astrologie. Und das ist auch die Geburtsstunde einer Astrologie, die ganzheitlich denkt und arbeitet.

In etwa parallel zu dieser allmählichen Hinwendung zur Psychologie und Philosophie übernahmen Computer mit entsprechender Software den komplexen Rechenvorgang zur Erstellung eines Geburtshoroskops. Bis vor vielleicht zehn, zwanzig Jahren gehörte es zum Standardkönnen eines jeden Astrologen, Horoskope zu berechnen und zu zeichnen. Dies ist sehr wahrscheinlich einer der Gründe, warum Frauen unter den Sterndeutern damals deutlich in der Minderzahl waren. Es ist einfach nicht ihr Metier, sich mit trockenen Zahlen und komplizierten Berechnungen herumzuschlagen, wo es doch um seelische Vorgänge geht – und diese Feststellung ist in keiner Weise abwertend gemeint, denn heute sind Frauen unter den Astrologen bei weitem in der Überzahl.

Der PC spuckt nach Eingabe von Name, Geburtsdatum, -ort und -zeit in Sekundenschnelle das Horoskop aus. Die astrologische Kunst scheint jetzt »nur« noch darin zu bestehen, die Konstellationen richtig zu deuten. Und auch hier ersetzt der Computer mehr und mehr den Astrologen. Es gibt schon seit einigen Jahren Programme, die mit entsprechenden Textbausteinen zu bemerkenswert treffenden Aussagen kommen. Ist dies nun das Ende der Sterndeuter? Ich meine: im Gegenteil! Überlassen wir dem »Computer-Astrologen« ruhig die Grundarbeit. Das spart Zeit. Dafür kann der »Mensch-Astrologe« die einzelnen Fakten im Sinne einer ganzheitlichen Schau zusammentragen und sich völlig dem Verständnis der einmaligen, individuellen Persönlichkeit widmen. Ebendafür ist ein großes Maß an Intuition, die ja gerade eine weibliche Stärke ist, mit Sicherheit von Vorteil.

Teil I DAS TIERKREISZEICHEN

Der astrologische Tierkreis besteht aus zwölf Tierkreiszeichen

WAS IST EIGENTLICH EIN TIERKREISZEICHEN?

Die Erde dreht sich bekanntlich einmal im Jahr um die Sonne. Von uns aus gesehen, scheint es aber so zu sein, daß die Sonne eine kreisförmige Bahn um die Erde beschreibt. Der Astrologie wird vielfach vorgeworfen, sie ignoriere diesen grundlegenden Unterschied. In Wirklichkeit ist er für die astrologischen Berechnungen und Horoskopdeutungen jedoch nicht von Bedeutung.

Dieser in den Himmel projizierte Kreis nennt man »Ekliptik«. Die Ekliptik wird in zwölf gleich große Abschnitte gegliedert, denen die Namen der zwölf Tierkreiszeichen zugeordnet sind. Zwischen dem 20. Februar und dem 20. März durchläuft die Sonne gerade den Abschnitt Fische, weswegen dieses Tierkreiszeichen auch Ihr »Sonnenzeichen« genannt wird.

Jedes Tierkreiszeichen symbolisiert bestimmte Charaktereigenschaften und Verhaltensweisen, die mehr oder weniger typisch für die in dem betreffendem Zeitraum geborenen Menschen sind. Wie schon im Vorwort angedeutet wurde, handelt es sich bei diesen Archetypen allerdings nur um *einen* Aspekt der Persönlichkeit, der durch die Aussagen ergänzt bzw. beeinflußt wird, die sich herleiten von dem individuellen Aszendenten und der Tierkreiszeichen-Stellung der anderen Planeten zum Zeitpunkt der Geburt (dazu später mehr). Für ein wirklich aussagekräftiges Horoskop müssen Sie also auch die übrigen Konstellationen berücksichtigen und sie mit Ihrem Sonnenzeichen in Beziehung setzen.

Ebenso wie der Kreislauf des Jahres wird die Bahn, welche die Sonne an einem Tag scheinbar um die Erde zurücklegt, in zwölf Abschnitte gegliedert. So können etwa Ihr Aszendent und damit der Anfang des ersten Hauses sowie die Mondposition gefunden werden.

In diesem Buch werden nicht alle, aber die wichtigsten Horoskopfaktoren sowie ihre Ermittlung und Bedeutung besprochen. Wenn Sie darüber hinausgehende Informationen wünschen, finden Sie eine Fülle spezieller Fachliteratur dazu. Die genauen Gestirnspositionen zum Zeitpunkt Ihrer Geburt können Sie zum Beispiel den vom Computer errechneten Horoskopzeichnungen entnehmen, die inzwischen von vielen Anbietern verschickt werden (siehe auch die Info am Ende des Buches).

Doch beginnen wir jetzt mit der Betrachtung Ihres Sonnenzeichens, um zunächst einmal herauszufinden, was denn nun »typisch Fische« ist.

Tierkreiszeichen Fische – DER HINTERGRUND

ALLES UND NICHTS ZUGLEICH – EIN UNBEGRIFFENES WESEN

Sicher haben Sie sich als Fischegeborener schon gefragt, was Sie mit den richtigen Fischen, diesen schillernden Geschöpfen des Wassers, gemeinsam haben könnten. Wenn Sie darüber nachdenken, sollten Sie vielleicht nicht gerade vor einem kleinen Goldfischaquarium stehen und die armen, eingezwängten Kreaturen betrachten, um eine Parallele zu Ihrem Leben herzustellen. Nein, stellen Sie sich ans Meer, noch besser, tauchen Sie hinunter, und lassen Sie sich überwältigen von der Fülle dieses ungeheuren Reichtums!
Welcher Fisch Sie jetzt »sein« könnten? Diese Fragestellung wäre falsch! Denn auf symbolischer Ebene entspricht Ihnen kein spezieller

Fisch, weder der gefürchtete Hai noch der unscheinbare Hering, vielmehr »sind« Sie alle Fische, wirklich *alle*! Ihr astrologischer Name lautet – ähnlich wie bei *den* Zwilling*en* – eigentlich »Fisch*e*« im Plural, nicht im Singular, auch wenn wir im folgenden des öfteren von »*dem* Fisch« sprechen werden. Und damit ist erstens gemeint, daß Sie ungeheuer vielseitig sind. Wenn es sein muß, können Sie kämpfen wie ein Tigerhai. Aber Sie verwandeln sich auch gern in einen unscheinbaren Schellfisch. O ja, Sie lieben die leuchtenden Farben, kleiden sich manchmal farbenschillernd wie der Papageifisch oder der grellbunte Borstenzähner. Aber genauso tragen Sie ausgewaschene Bluejeans und ein einfaches Hemd, gleichen dann eher einer unauffälligen Äsche. Oder Sie legen überhaupt keinen Wert auf Ihr Aussehen, so daß manche Fischeexemplare tatsächlich einem Seeteufel ähneln können.
Noch viel schwerer, als Sie äußerlich festzulegen, ist es, Ihr Wesen zu beschreiben: Sind Sie jetzt tief wie eine Flunder, die am Meeresboden gründelt, oder verspielt wie eine Forelle, die nicht weit unter der Wasseroberfläche dahingleitet? Sind Sie ein Einzelgänger wie der gefährliche Killerwal? Oder eher wie ein Hering, der fast immer im riesigen Schwarm auftritt? Die Antwort lautet: Als typischer Vertreter Ihres Tierkeiszeichens können Sie auch in dieser Hinsicht *alles* sein, was – wie gesagt – schon durch die Pluralform Ihres Tierkreiszeichennamens zum Ausdruck kommt.
Vielen Fischegeborenen fällt es schwer, damit zu leben, daß sie keine »feste Charakterstruktur« haben. Sie wären lieber ein Hai oder auch eine Flunder, nur etwas Bestimmtes und vor allem Bleibendes. Sie kommen dann zum Therapeuten oder Astrologen mit Fragen wie: »Sagen Sie mir, wer ich bin?« Manche Fische versuchen auch, sich sozusagen per Dekret eine bestimmte Charakterstruktur zurechtzuschustern. Sie sagen sich vielleicht: »Ich will so und so sein – stark und zuverlässig und vor allem erfolgreich, vielleicht wie ein Hecht oder Barsch.« Oder: »Ich möchte klug und verspielt sein, vielleicht wie ein Delphin.« Aber derartige Eigenprägungen klappen so gut wie nie. Irgendwie brechen die anderen »Fischearten« und damit andere Eigenschaften von »Wasserbewohnern« durch: der sich windende Aal und die völlig unscheinbare Kaulquappe (wenn wir, was biologisch falsch ist, aber zwecks Anschaulichkeit durchaus einen Sinn hat – alle Bewohner des Wassers als »Fische« bezeichnen wollen).
Das ist das Wichtigste, was Sie über sich als typischen Fisch verstehen müssen: Sie besitzen keine klar unterscheidbare Wesensstruktur. Sie

haben, so gesehen, auch kein bestimmtes Ego, Sie sind das Viele im Einen oder auch das Eine im Vielen.
Als Fisch scheinen Sie immer jenseits des Egoismus zu sein. So etwas wie ein »Ich« ist Ihnen offenbar gar nicht in die Wiege gelegt worden. Sie sind nicht dafür gedacht, Ihr persönliches Ego zu kultivieren. Geben Sie einen Tropfen Wasser ins Meer. Was geschieht? Er löst sich auf! Irgendwo ist der Tropfen das ganze Meer – aber das Meer ist auch der Tropfen.
Sie sind sehr ähnlich! Es ist nur schwer zu verstehen, daß Sie jemand Bestimmtes sind und dann doch wieder nicht sein sollen. Es ist besonders deswegen so schwer zu begreifen, weil unsere Welt soviel Wert auf eine feste und bestimmbare Struktur unserer Eigenschaften legt: »Ich bin der Hans Müller, geboren am 8. März 1962, 1,75 Meter groß, 65 Kilogramm schwer, Taxifahrer, meine Hobbys sind Schwimmen und Biertrinken, ich bin fröhlich, aufgeschlossen, gern allein ...« Nichts davon bei Ihnen! Natürlich sind Sie an einem bestimmten Tag geboren, selbstverständlich gibt es Ihre Größe, Ihr Gewicht etc., aber das alles ist völlig unwichtig und könnte auch ganz anders sein. Es beschreibt Sie sowenig, wie man »Liebe« beschreibt, wenn man die Temperatur angibt, die während eines Liebesaktes steigt, oder die Dauer der geschlossenen Augen festhält.
Eine der typischen Eigenschaften eines Fisches, und jetzt meine ich zunächst wieder die biologische Spezies, ist seine Wendigkeit. Haben Sie je versucht, einen Fisch mit den Händen zu fangen? Oder ihn wenigstens zu halten? Es ist nahezu unmöglich! Wieder existieren Parallelen zwischen Tier und Mensch: Auch Sie lassen sich nicht greifen – und noch weniger *be*greifen. Im Grunde ist dies natürlich nur eine Folge dessen, was schon zuvor gesagt wurde, nämlich daß Sie gar kein definierbares Einzelwesen im herkömmlichen Sinne sind. Wir nähern uns der gleichen Sache nur von einer anderen Seite. Sie haben einen Horror davor, »begriffen« zu werden. Ihre ganze Existenz gründet sich darauf, nicht festlegbar, schillernd, unbegriffen zu bleiben. Die Vorstellung, man würde Sie »begreifen«, macht Ihnen regelrecht angst. Es ist fast so, als wären Sie ein »richtiger« Fisch, den man ans trockene Land zu ziehen versuchte.
Fischegeborene entwickeln eine wahre Meisterschaft darin, sich dem »Begreifen« zu entziehen: Einstein war sicher der berühmteste von ihnen. Er war Clown und Philosoph, der bedeutendste Physiker unseres Jahrhunderts und ein Pazifist. Ein Freund von mir, auch Fisch, ist

Sportler (Kanufahrer), Heilpraktiker, Journalist und Spekulant. Ein anderer hat Theologie und Psychologie studiert. Tatsächlich aber lebt er als Privatier, Grünenpolitiker, Tiersitter und Gelegenheitsarbeiter. Einer meiner Klienten ist Musiker, Taxifahrer, Zeitungsausträger und Beleuchter beim Film. So könnte ich fortfahren mit der Aufzählung von Fischemenschen und ihrer Vielseitigkeit – und damit auch ihrer Uneindeutigkeit.

Fische sind Meister der Tarnung. Sie vermeiden und fürchten klare Festlegungen wie die Pest, weil diese das »Begriffenwerden« erleichtern würden.

Die anderen erliegen der Täuschung oder vielmehr einem Mißverständnis. Das bekannteste davon ist, daß Angehörige, Partner und Freunde von Fischen glauben, sie müßten den Fisch retten, denn er fühlt sich ja offenbar miß- und unverstanden, signalisiert also eine Not. Natürlich befindet er sich in einer Not, fühlt sich allein, ungeliebt. Aber andererseits – und dieses Aber sollten sich Angehörige von Fischen dick unterstreichen – entspricht das Nicht-verstanden-Werden seiner Natur als Fisch. Ja, er spielt (und kokettiert zuweilen) sogar damit. Denn seine Psyche setzt unbewußt »Verstandenwerden und Begriffensein« mit »Ergriffen- bzw. Festgelegtsein« gleich.

Es ist eine paradoxe Situation: Man möchte dem Fisch helfen und veranlaßt ihn dabei nur, sich immer weiter zu entfernen, sich in immer absurdere Widersprüche zu verwickeln. Eigentlich bemüht man sich, dem »armen« Fisch eine goldene Brücke zu bauen, aber in Wirklichkeit reißt man eine nach der anderen ab. Insbesondere Eltern von Fischen müssen sich damit abfinden, daß ihr Kind immer einen Eigenraum beansprucht, in den es niemanden hineinläßt. Man muß also seinen Fisch »schwimmen« lassen, auch wenn es den Anschein hat, als brauche er Hilfe. Er findet sich schon allein wieder zurecht. Denn so, wie richtige Fische sich im Wasser regenerieren, so finden Fischemenschen zu sich, wenn sie in ihren Raum des Nicht-begriffen-Seins tauchen: Es ist ihre Heimat, ihr Reich, sie tanken dort auf und finden sich darin selbst.

DER LETZTE IM BUNDE – »SECHSTER SINN« STATT ELLENBOGEN

»Fische« ist das letzte Zeichen im astrologischen Tierkreis. Dieser Kreis ist ein Symbol von insgesamt zwölf Abschnitten. Jeder Abschnitt drückt eine andere Seinsweise des Menschen aus. Alle zwölf Zeichen oder Stufen umfassen die Gesamtheit des menschlichen Seins. Dabei folgen die einzelnen Bereiche einander nicht zufällig, sondern entsprechend einer existentiellen Logik. Jeder neue Abschnitt trägt in sich die Essenz der vorangegangenen und erweitert sie um ein neues Prinzip. So trägt das Fischezeichen alle anderen Qualitäten in sich und bereichert sie um eine – seine – Eigenart.

Das Leben entwickelt sich also entlang dem astrologischen Rad. Es beginnt mit dem Widder, dem Tierkreiszeichen, das »Anfang, Ursprung und Lebensimpuls« symbolisiert. Dem Widder folgt der Stier. Das Leben setzt sich fest, breitet sich aus, entwickelt seine Sinnlichkeit und lebt nach Lust und Laune. Dem Stier folgen die Zwillinge. Das Leben wird sozial, entwickelt die Fähigkeit zur Kontaktaufname und zum Austausch. Auf die Zwillinge folgt der Krebs; das Leben erhält Tiefe und Fruchtbarkeit. Im folgenden Tierkreiszeichen Löwe verdichtet sich das Leben und bringt die Fähigkeit, selbst Leben zu erzeugen. Dem Löwen folgt die Jungfrau. In ihr keimt die Fähigkeit, sich und die anderen aus einer Distanz heraus zu betrachten, was die Voraussetzung für wirkliche gleichberechtigte Begegnungen ist. Diese erfolgt dann im nächsten Abschnitt, dem Waagezeichen. Die Waage symbolisiert zwei Menschen, die trotz ihrer Verschiedenheit zueinanderfinden können.

Mit der Waage beginnt aber auch der Herbst, und der Winter kündigt sich an. Herbst und Winter stehen in der Astrologie symbolisch für über das unmittelbare Leben hinausweisende Belange und Bereiche. Auf der Ebene des Skorpions entwickelt das Leben die Fähigkeit, mit einem übergeordneten größeren Ganzen zu verschmelzen – zum Beispiel einer Ehe, einer Sippe oder einem Volk.

Dem Skorpion folgt der Schütze. Und auf dieser Seinsstufe erwirbt das Leben die Fähigkeit, über bestehende Grenzen hinauszuschauen und auch über sie hinauszugehen. Eine der fundamentalsten Grenzen ist dabei die zwischen materieller und geistiger Wirklichkeit: Der Schütze ist ein Grenzgänger zwischen diesen Welten.

Dem Schützezeichen folgt der Steinbock. Auf dieser Seinsebene entwickelt das Leben die Fähigkeit, Lebensäußerungen bestimmten Prinzipien unterzuordnen. Der Steinbock nimmt im astrologischen Kreis die höchste Stellung ein. Mit dem darauf folgenden Tierkreiszeichen Wassermann neigt sich der Kreis wieder seinem Ausgangspunkt zu. Entsprechend »laufen« im Abschnitt Wassermann die Vorbereitungen für ein neues Leben, das durch die vorangegangenen Stadien bereichert wurde und sich weiterentwickelt hat.

Das letzte Zeichen, die Fische, schließlich ist die Stufe, in dem das Leben die Fähigkeit entwickelt, sich selbst zurückzunehmen, um Platz zu machen für eine neue Existenz – für neues Leben. So beinhaltet das Tierkreiszeichen Fische Begriffe wie »Verzicht, freiwilliges Zurücktreten, Sich-selbst-nicht-wichtig-Nehmen, Sich-selbst-Negieren, Nicht-angenommen-Werden, Platzmachen, Schwinden und Verschwinden«.

Fischemenschen haben allesamt mit diesen Eigenschaften zu tun. Sie zeigen das häufig schon in ihrer Erscheinung, etwa indem sie sich unauffällig und nicht nach der Mode oder auch himmelschreiend daneben kleiden. Der Fischegeborene Albert Einstein soll einmal beim offiziellen Empfang ohne Socken aufgetreten sein. Als man ihn fragte, ob er Strümpfe nicht für wichtig erachte, hat er angeblich geantwortet: »Ich nehme mich ja nicht einmal selbst wichtig!«

Wenn Sie ein waschechter Fisch sind, werden Sie diese geringe Ichbetonung gut kennen: Sie stehen zum Beispiel an einer Bushaltestelle, und es gibt ein Gedränge darum, wer zuerst einsteigen kann: Sie werden sofort zurücktreten und die anderen vorlassen. Oder es gibt Kaffee und Kuchen, dabei sind für, sagen wir, dreizehn Gäste aber nur zwölf Kuchenstücke da. Sie werden (wenn Sie nicht gerade einen Stieraszendenten haben) der/die erste sein, der/die freiwillig verzichtet.

Dieses freiwillige Zurücktreten, das »Sich-selbst-nicht-so-wichtig-Nehmen«, nimmt manchmal groteske bis tragische Formen an. Grotesk ist, wenn Fische zuweilen regelrecht mißerfolgsprogrammiert sind, das heißt, immer dann, wenn sie vor einem Erfolg stehen, irgend etwas (unbewußt) unternehmen, das den Erfolg zunichte macht. Mir fällt hierzu ein Vertreter aus dem süddeutschen Raum ein, der eine Astrositzung bei mir buchte. Er hatte in Baden-Württemberg sehr erfolgreich ein Vertriebsnetz aufgebaut und stand am Zenit seiner beruflichen Laufbahn. Da suchte seine Firma eines Tages einen Mann für neue Märkte im Osten. Er meldete sich freiwillig, obwohl die Geschäftsleitung ihm dringend davon abriet, weil er durch seine Erfolge bessere Karriereaussichten hatte. Er bestand trotzdem darauf und erlitt nicht nur einen katastrophalen Schiffbruch, sondern verspielte auch noch jeden Kredit bei seiner Firma.

Tragisch wird es, wenn ein Fisch »freiwillig« in die Sündenbockrolle schlüpft oder sich als »Blitzableiter« anbietet. Einmal war zum Beispiel ein Klient in meiner Praxis, dessen Tochter bei einem Verkehrsunfall gestorben war. Sein Sohn, ein Fisch, befand sich ebenfalls in dem Unfallwagen, überlebte jedoch schwerverletzt. Die ganze Familie litt und trauerte. Der Sohn aber verhielt sich extrem anders, lachte, sang fröhliche Lieder und brachte auf diese Weise bald alle gegen sich auf. In der therapeutischen Analyse kam eindeutig zum Ausdruck, daß der Sohn (unbewußt) in diese Rolle schlüpfte, weil »seine Psyche« davon ausging, daß ein Sündenbock das ganze Geschehen erträglicher machen würde. Er, der Fisch, bot sich dafür an.

Jeder Fisch ist irgendwo ein »Opfer«. Ich kenne viele Fischegeborene, die freiwillig auf ihr Erbe verzichtet haben, obwohl sie der oder die Erstgeborenen waren. Ich weiß von Fischen, die freiwillig ihren Beruf aufgegeben haben, weil eine Kündigungswelle anstand. Manche Fische halten sich unter ihren Geschwistern zurück, machen sich klein und unscheinbar. Andere versagen freiwillig mit ihren Leistungen. Und wieder andere wählen einen Beruf, der dem, was sie eigentlich wollten, absolut entgegengesetzt ist. Analysiert man den familiären Hintergrund von Fischen, so verbirgt sich hinter jedem ein Drama dergestalt, daß entweder der Geborene selbst oder bereits seine Eltern nicht wirklich erwünscht waren. Häufiger als bei anderen Tierkreiszeichen sind Fische unehelich geboren oder gezeugt. Das Fischekind wächst mit dem Gefühl auf, es sei seine »Schuld«, daß die Eltern geheiratet haben und seinetwegen zusammenbleiben mußten. Es fühlt sich als unerwünschte Last, erlebt sich also nicht als Wunschkind. Aus diesem Gefühl heraus machen sich Fische schon sehr früh auf die Suche nach einem Ersatzvater bzw. einer Ersatzmutter, die sie wirklich lieben und wünschen.

Damit sind wir bei der starken Verbundenheit von Fischen zu überpersönlichen, mystischen, kirchlichen und göttlichen Welten. Man könnte sagen, weil sich der Fisch von seinen leiblichen Eltern nicht erwünscht fühlt, sucht er göttliche. Das ist der Grund, warum so viele Fische früher ins Kloster gingen und weshalb sie heute Religionswissenschaft studieren oder von den verschiedensten spirituellen Zirkeln und Sekten angezogen werden. Das soll jetzt aber keineswegs heißen, Glaube sei nichts weiter als eine Reaktion auf mangelnde

Elternliebe. Richtiger Glaube ist viel mehr; er beginnt vielleicht damit, aber er läßt derartige psychologische »Erklärungskrücken« schnell weit hinter sich.
Betrachtet man die Tierkreiszeichen einmal als Vertreter bestimmter Berufsgruppen oder Stände, dann wären zum Beispiel die Widder die Krieger und Unternehmer, die Stiere Bauern und Banker, die Zwillinge Boten und Entertainer – bis hinauf zu den Steinböcken, die die Kaste der Beamten vertreten. Wassermänner stellen in dieser »Gesellschaft der Tierkreiszeichen« die Erfinder und Reformatoren dar. Und die Fische sind ohne jeden Zweifel die Priester und Schamanen.
Fische sind Menschen mit einer Verbindung in eine andere Welt, solche, die sich selbst zurücknehmen und für andere da sind, Individuen mit einem Draht zum Göttlichen, Medien, die für andere wirken können. Fische sind allesamt ein Mysterium. Ein Fingerzeig Gottes, als wolle er sagen: »Seht ihr, die Fische sind mir am nächsten, sie sind eine Brücke zwischen mir und allen anderen. Sie sind der Beweis, daß es mich gibt ...!«
Das Fischezeichen symbolisiert eine Kraft, die leicht macht. Sie schenkt die Fähigkeit, all das loszulassen, was in einem menschlichen Leben so immens wichtig scheint: Ego, Besitz, Wissen, Familie, Arbeit, Beziehung, Zugehörigkeit und Status. Dies bedeutet nicht automatisch, daß Fischemenschen nicht gern reich wären und kein bequemes Leben liebten. Aber sie hängen weniger stark daran. Wenn es denn sein soll, können sie all dies auch loslassen. »Fische« bedeutet letztendlich ozeanisches Glücksgefühl, Erfüllung, Erleuchtung.
Fische kommen in dieser Welt schlecht zurecht. Es fehlen ihnen einfach die spitzen Ellenbogen und der Biß, wie sie zum Beispiel Widder- oder Löwegeborenen zur Verfügung stehen. Und auch mit der Motivation ist es nicht allzu weit her: Warum soll man sich abrackern und plagen? Ist der Verlust an Lebensqualität in unserer Erfolgsgesellschaft nicht allemal so groß wie der Gewinn? Nein, nein, das Problem von Fischen ist nicht, daß sie etwas falsch machen könnten, sondern daß sie überhaupt etwas machen, sprich, in die Gänge kommen. Sie ziehen ihre Kraft auch nicht aus der Zugehörigkeit zu einer bestimmten Gruppe oder einem Clan, wie zum Beispiel die Skorpione oder die Wassermänner. Von daher fühlt sich jeder Fischegeborene im Eldorado der Tüchtigen wie ein Fisch auf dem Trockenen oder wie ein Außerirdischer auf unserem Planeten. Manche gewinnen dieser Situation eine amüsante Note ab, werden Komiker, beispielsweise der Fisch Heinz

Rühmann oder Jerry Lewis, andere werden sarkastisch. Manche leiden auch unter ihrer Situation und glauben, daß sie sich nur richtig anzustrengen brauchten, um doch noch zu Ruhm und Ehren zu gelangen. Aber das ist der »Fluch« des astrologischen Rads: Man kann nicht zurück auf eine frühere Seinsebene. Nein, das Naturell der Fische selbst, ihr »Stoff«, birgt Mittel und Wege, mit dieser Welt, in die man nun einmal hineingeboren wurde, fertig zu werden. In der Weise, wie sie sich nämlich damit abfinden, daß ihnen Biß und spitze Ellenbogen fehlen, entdecken sie eine andere Qualität: ihren »sechsten Sinn«. Jeder Fisch scheint hellsichtig und paranormal zu sein sowie prophetische, okkulte, übernatürliche Fähigkeiten zu besitzen. Natürlich heißt dies nicht, daß jeder Fisch in der Zukunft lesen kann wie in einem Buch. Aber er verfügt über andere »Organe«, Antennen, mit denen er Dinge empfangen kann, von denen die übrigen Menschen keine Ahnung haben.

Das läßt sich durchaus auch erklären, ohne das Übersinnliche herbeizuzitieren. Denn wie gesagt: Fische betreten eine Welt, von der sie annehmen, daß sie ihnen nicht wohlgesinnt ist. Ja, sie bekommen die Botschaft, daß sie nicht richtig erwünscht sind. Sie müssen von daher aus ihrer Sicht heraus außergewöhnliche Instrumente entwickeln, nämlich eine immense Sensibilität. Und zwar deswegen, um die Befindlichkeiten ihrer Umgebung ausloten und richtig interpretieren zu können. Damit sie wenigstens jetzt, da sie nun schon einmal hier sind, sowenig wie möglich auffallen. Um nicht noch mehr Widerstand gegen sich zu mobilisieren. Sie entwickeln also einen »sechsten Sinn«. Von klein auf. Dazu kommt, daß Fische viel mehr als andere Kinder allein gelassen werden. In diesem Raum des »Mit-sich-selbst-Seins« wachsen besondere Fähigkeiten, entsteht die Kunst zu außergewöhnlicher Sinneswahrnehmung.

Das macht sich dann so bemerkbar, daß Fische zur rechten Zeit das Richtige tun. Und zur richtigen Zeit an der richtigen Stelle sind. Unbedarfte Menschen nennen so etwas »Zufall«, wenn ein Fisch just an dem Tag bei einer Agentur anruft, da diese genau seinen »Typ« sucht. Oder wenn ein Fisch drei Ausbildungsplätze, die er gern hätte, nicht bekommt. Dafür den vierten, den er gerade nicht will, erhält. Und hinterher merkt, daß dieser ganz genau das Optimale für ihn war.

Ich kenne Schicksale von Fischen, angesichts deren man gar nicht anders kann, als an Mächte zu glauben, die sie leiten und genau dorthin bringen, wo sie hingehören. »Es ist«, sagte mir einmal ein Fische-

geborener, »als würde mich das Schicksal bei der Hand nehmen und führen!«
Ein derartiges Schicksal ist natürlich viel mächtiger als der Wille eines Menschen. Selbst wenn er noch so motiviert und Eigentümer der spitzesten Ellenbogen ist. Von daher mögen Fische annehmen, sie könnten eigentlich »relaxen« und ihrem Schicksal vertrauen. Aber leider ist es so einfach denn doch wieder nicht. Denn ein Fisch darf nicht nur fatalistisch seinem Schicksal folgen, sondern muß, will er ein glückliches Leben führen, die richtige Mitte aus Hingabe und Eigeninitiative finden.

Fische werden vom Schicksal geführt

Liebe, Sex UND PARTNERSCHAFT

Ist ein Fischegeborener schon ein Mysterium, ein Wesen von einem anderen Stern, so ist seine Liebe erst recht ein einziges großes Wunder. Wie liebt ein Fisch? Wie eine Nymphe, eine Nixe, ein Faun oder wie eine Fee? Läßt sich seine Liebe anders beschreiben als mit einem goldenen Regenbogen? Etwas überspitzt formuliert, war das Idealbild des verliebten Fischemanns noch vor sechzig, siebzig Jahren dergestalt, daß er nachts mit einer Gitarre unterwegs war, um seine mit Herzblut geschriebenen Liebeslieder unter dem Fenster seiner Angebeteten vorzutragen, schmachtend, fast sterbend vor Sehnsucht ... Und die Fischefrau war wie Penelope, voller Liebe wartend – wenn es sein mußte, auch vierzig Jahre lang. Heute lebt man Fischeliebe vor allem in entsprechenden Hollywoodfilmen wie »Titanic« mit Rose und Jack, alias Kate Winslet und Leonardo DiCaprio, deren Liebe zwar real mit der Titanic untergeht, aber auf einer anderen Ebene ewig und unsterblich wird. So wie im Film, wo der tote Jack langsam im eisigen Meer versinkt, während das »Titanic«-Lied erklingt: »Jede Nacht sehe ich dich in meinen Träumen ...«

Fische muß man mit einem Köder locken

Das ist beinah typisch für Fischeliebe, daß sie auf der realen Alltagsebene unerfüllt bleibt, aber dafür auf einer mystischen weitergeht. Man kann fast mit Sicherheit sagen, daß ein Fisch immer eine unerfüllte Liebe mit sich herumträgt bzw. mit einem Partner zusammenlebt, der nicht seine ganz große Liebe verkörpert. Denn in der Philosophie eines Fisches ist das Wahre und Echte ja nicht von dieser Welt, es ist göttlich, mysteriös, ein Rätsel und unvereinbar mit dem praktischen Alltag.
In der Realität sieht das so aus, daß Fische häufig schon von vornherein die Verhinderung mit einbauen: indem sie jemanden lieben, der bereits vergeben, zu alt, zu jung, zu weit weg oder durch welche Gründe auch immer für eine Partnerschaft nicht – oder zumindest nicht einfach – zu haben ist. Er ist ein Träumer, der Fisch, und in der Liebe hängt er seinen Träumen vielleicht am innigsten nach. Mit jedem Hindernis, das sich zwischen ihm und dem geliebten Subjekt auftut, mit jedem Kilometer, der sie trennt, scheint der Adrenalinspiegel anzusteigen, die Liebe zu wachsen.
Mit einem Fisch zu leben heißt daher, entweder immer die zweite Wahl zu sein oder jeden Tag neu den Liebestanz zu beginnen. Das ist anstrengend, das kostet Kraft – und das ist für viele Partner von Fischen irgendwann zuviel. Darin liegt der Grund, warum Fischegeborene entweder einen hohen Partnerverschleiß haben, allein leben oder in einem mehr oder weniger eingeschlafenen Ehebündnis dahindümpeln. Bedeutet das jetzt, daß Menschen, die einen Partner suchen, um Fische immer einen großen Bogen machen sollten?
Natürlich nicht! Fische sind derart liebenswerte, freundliche, rücksichtsvolle Zeitgenossen, daß sich's an ihrer Seite wundervoll entspannen läßt. Aber man sollte eben wissen, daß man seinem/seiner Fischegeborenen auf längere Sicht immer wieder Lebewohl sagen muß: weil er allein sein will, weil er vielleicht eine oder einen Geliebten hat, weil er meditieren oder unbedingt allein verreisen muß. Aber, und das ist die andere Seite, wer es versteht, ihn an der »langen Leine« zu halten, zu dem kommt er allemal zurück.
Zu einem Fisch passen natürlich von vornherein nur Menschen, die selbst einen bestimmten Grad von Freiheit und Selbständigkeit suchen. Und in aller Regel geraten auch nur just solche an einen Fisch. Mir jedenfalls ist kein Fischebündnis bekannt, in dem nicht immer auch der Partner des Fisches eben die gleichen »Gelüste« und »Macken« hätte wie der Fisch, selbst wenn er vordergründig über die »Machenschaften« seines Fisches auch noch so lamentiert.

DIE BEZIEHUNGS- UND BINDUNGSFÄHIGKEIT DES FISCHS

Der Fisch ist der geborene Einzelgänger vom Typ Steppenwolf (männliche Ausgabe) bzw. Eisprinzessin (weibliche Rolle). Selbst wenn er »im Rudel« auftritt, bleibt er für sich, folgt seinem eigenen Weg und verkündet allen, die es wissen wollen, daß er aufs Alleinsein steht. Auf der anderen Seite signalisiert der Fischegeborene überaus deutlich, daß er einsam ist und jemanden braucht, der sich seiner annimmt. Diese schier schizoide Botschaft macht es Liebhabern von Fischen natürlich schwer, an sie heranzukommen. Geht man auf sie zu, fühlen sie sich verfolgt, läßt man sie allein, fühlen sie sich nicht geliebt. Dazu kommen noch tausenderlei Arten, sich zu verstecken und zu tarnen: Im Grunde ist jeder Fisch scheu, schüchtern, also beziehungsmäßig ein echtes Sensibelchen. Aber der Fischemann spielt gern den eisenharten Macker (wie die Fische Bruce Willis oder Niki Lauda zum Beispiel). Und die Frauen geben sich gern cool und eisig (ähnlich den Fischen Zarah Leander oder Nina Hagen). Das macht das Anbandeln noch schwerer, und es gibt daher für seine Beziehungsfähigkeit hinsichtlich des Knüpfens von Kontakten nur eine Drei minus; wohlverstanden nicht dafür, weil er es nicht kann, sondern weil er so tut, als wäre er der Champ beim Flirten, Poussieren und Kontakteknüpfen.
Seine Bindungsfähigkeit wurde schon mehrfach angesprochen: Dafür gibt's unterschiedliche Noten, je nachdem, wie lange die Partnerschaft schon währt. Während der ersten Monate ist der Fisch der Größte: einfühlsam, zauberhaft, liebevoll, zuvorkommend, treu, und er verdient daher eine glatte Eins. Ist der Honeymoon vorüber, wird der Fisch erst still, dann stumm, verzieht sich immer mehr, geht seine eigenen Wege, driftet ab, ist unbekannt verschwunden. Dafür gibt es eine glatte Vier. Als Mittelwert ergibt sich nach Adam Riese eine Zwei bis Drei. Na ja, damit läßt sich's leben ...

IST DER FISCH GUT IM BETT?

Sagen wir mal: Er ist einfühlsam, denkt mit, will nicht nur seinen Höhepunkt, seine Befriedigung, sondern auch den des geliebten Partners. Das macht ihn in jedem Fall höchst interessant. Denn in den

meisten Betten werden trotz aller Aufklärung immer noch dermaßen viele »Nummern geschoben« und »Holz gehackt«, daß es ein Jammer ist. Der Fisch ist eine rühmliche Ausnahme; er sucht das Miteinander, den Gleichklang der Körper. Seine hohe Sensibilität läßt ihn die Wünsche seines Partners spüren, sie ihm regelrecht von den Augen ablesen. Er ist also nicht nur gut, er ist vor allem wohltuend im Bett: kein Streß, kein Orgasmuszwang, keine Nummern ... Wenn die Energie stimmt, kann Sex mit ihm aber auch zu einer Droge werden, stärker als alles andere. Von solch einem Fisch vermag ein Sog auszugehen, dem niemand widerstehen kann. Der Sex eines Fisches macht hungrig nach immer mehr ...
Das ist die eine Seite. Die andere ist, daß eines Fisches Sensibilität auch sehr nerven kann, dann nämlich, wenn ihn der Fahrstuhllärm im Hotel oder die Fliege im Schlafzimmer am ungestörten Genuß hindert. Dazu kommen seine neurotischen Anwandlungen, sich selbst nicht für richtig liebesfähig oder sogar frigide bzw. impotent zu halten. Und dann erst seine Launen, die ihn zuweilen zu wie eine Auster sein lassen. Mit anderen Worten: Liebe und Sex mit einem Fisch können atemberaubend sein: ein Trip auf Wolke sieben, ein Flug in die Ewigkeit. Und sie können derartig stumpf und »abtörnend« sein, als hätte er noch nie etwas von Liebe gehört.

ÜBER DIE TREUE DES FISCHS ...

Der Fisch besitzt ein kompliziertes Seelenleben. Er hat nun mal nicht die »einfachere« Wesensstruktur eines Stiers, eines Löwen oder einer Jungfrau. Und er verhält sich vor allem extrem widersprüchlich. Diesem Zug ist bereits am Himmel ein Denkmal gesetzt: Das klassische Tierkreiszeichen Fische besteht nämlich aus zwei Fischen, die in entgegengesetzte Richtungen drängen. Und genauso denkt, fühlt und handelt der Fischemensch. Er sagt dies, aber meint jenes. Er will dorthin, geht aber in die entgegengesetzte Richtung. Vor lauter Widersprüchlichkeit verwirrt der Fisch sich und alle anderen immer mehr, bis zum Schluß nur noch ein einziges großes Rätsel übrigbleibt.
Aus der Logik der Astrologie ist es sehr wohl verständlich, warum der Fisch derartig kompliziert und uneindeutig ist: Er wurde von der »Existenz« ja »erfunden« und erschaffen, um vordergründige Realitäten zu

hinterfragen und aufzulösen. Er ist die personifizierte »Antimaterie« und für den Verstand der leibhaftige »Anwalt des Teufels«, der Advocatus Diaboli der Ratio – er muß verwirren, Staub aufwirbeln, damit »der Verstand« sich selbst in Frage stellt und überhaupt erst einmal die Voraussetzungen geschaffen werden, nach einer anderen Existenz zu forschen.

Aber seine Widersprüchlichkeit ist für viele zwischenmenschliche Belange schlicht und einfach eine Katastrophe – und in puncto Treue ist es am schlimmsten: Ein typischer Fisch, der seinen Partner nicht hintergeht, ist so selten wie eine Perle in einer Auster. Das Wort »hintergehen« ist dabei eigentlich falsch gewählt, zumindest aus der Sicht des Fischegeborenen. Er sieht das anders, er teilt mit einem anderen Menschen etwas, was aus seiner Perspektive mit seiner bestehenden Partnerschaft überhaupt nichts zu tun hat. Er hat ein so großes Herz (und das hat er tatsächlich), daß er ohne weiteres mehrere Menschen zugleich lieben kann. In aller Regel tut er es heimlich, denn er ist ein Meister der Tarnung. Weil er aber auch ungeheuer tolpatschig ist, kommt jede seiner Liaisons irgendwann auf den Tisch. Eifersuchtsdramen gehören zum Liebesalltag eines humanen Fisches, und Partner von Fischen könnten einem leid tun, wäre es nicht so, daß niemand einen Partner bekommt, den er nicht auch verdient. Mit anderen Worten: Wer einen Fischegeborenen liebt und heiratet, erhofft sich in der Regel selbst freies Spiel.

SO HÄLT MAN FISCHE BEI GUTER LAUNE

Der Fisch liebt es, wenn er vor sich hin dümpeln kann und ihn niemand gängelt. Er liebt die Freiheit über alles. Sie vermittelt ihm das Gefühl seiner Bestimmung, eins zu sein mit der Schöpfung; das schenkt ihm das allerhöchste Glück. Partner von Fischen, die diese Sehnsucht falsch interpretieren, womöglich sogar als Zeichen der Lieblosigkeit sehen und versuchen, ihren Fisch zu beeinflussen, haben ihn sehr schnell verloren. Man muß den Fisch also in Ruhe lassen; das ist die eine Seite.

Die andere beinhaltet genau das Gegenteil: Man muß ihn locken, sich um ihn kümmern, ihn verhätscheln, sein Fernweh teilen, seinen versponnenen Theorien folgen und, und, und. Anders gesagt, jeder Liebhaber von Fischen muß erstens selbstbewußt sein. Zweitens braucht er die Geduld eines Fischers, muß warten können, ohne zu klagen, muß immer neue »Köder«, also Reize, auslegen, um den Fisch zu locken und dann im richtigen Moment – und bitte nicht zu früh und nicht zu spät – sanft und fest zugleich zuzupacken. Des weiteren braucht ein Fischepartner tiefenpsychologisches Gespür, darf damit aber nie zu dick auftragen; denn Seelenforscher kann der Fisch nicht leiden. Er muß unlösbare Rätsel lösen können und ein Meister der indirekten Interaktion sein, also zum Beispiel reden, ohne etwas zu sagen.

Ob das alles zusammen nicht ein wenig viel verlangt ist von einem, der auszieht, einen Fisch zu angeln? In der Tat! Fischepartner sollten sich daher immer vor Augen halten, daß ihnen mit jedem Tag, an dem ihr Fisch nicht davonschwimmt oder verschlossen ist, ein kleines Meisterwerk gelang.

Da der Fisch zudem nicht nur ein Schwärmer und Philosoph, sondern auch ein ganz normaler Mensch mit ganz normalen Wünschen ist, hier noch sein »Lieblingsspielzeug«: Schuhe (viele Schuhe, ein typischer Fisch hat nie genug Schuhe, er sammelt sie), Eis (viele Sorten Eis), Telekommunikation (das Internet ist eindeutig das moderne Meer der Fische), Sauna (Fische schwitzen gern), Lotusduft (sie lieben schwere Düfte), Mystisches (jeder Fisch ist, versteckt oder offen, ein Mystiker), Miraculix (der Zauberer der Comicserie *Asterix und Obelix*), Comics, Brauereien und Weinkeller (Fische trinken für ihr Leben gern; das ist eine kleine Behelfsbrücke, um der erdrückenden Last des Alltags etwas zu entfliehen).

WIE GUT FISCHE ALLEIN SEIN KÖNNEN

Zu diesem Thema ist kaum mehr zu sagen, als bereits erwähnt wurde. Daher in aller Kürze: Der Fisch ist unter allen zwölf Tierkreiszeichen dasjenige, das am besten mit sich allein zurechtkommt. Das heißt keineswegs, er würde nicht immer wieder ein Leben zu zweit anstreben und zu führen versuchen. Aber das ist ein Kompromiß, zuweilen ein sehr hübscher, manchmal ein ärgerlicher.

Je älter ein Fisch wird, und so mehr lebt er für sich. Selbst wenn er weiterhin in einer Beziehung bleibt, hat er sich in der Zwischenzeit doch seine Freiräume geschaffen, die ihm das Alleinsein ermöglichen. Natürlich kommt es auch noch auf den Aszendenten und, bei Frauen ganz besonders, auf das Mondzeichen an. Ein männlicher Fisch mit einem Aszendenten im Krebs oder Stier beispielsweise wird immer auch eine Partnerschaft, ja sogar eine Familie suchen. Genauso wird das auch bei einer Frau sein, die den Mond im Stier- oder Krebszeichen hat.

DER FISCHEMANN AUF DEM PRÜFSTAND

Wie »richtige« Fische wehrt er sich gegen jeden Versuch, ihn zu (be)greifen. Und um dieses Image zu erhalten, gibt er sich gern mysteriös oder setzt sich – sein Lieblingsspiel – eine Tarnkappe à la »Mich versteht sowieso keiner« auf. Seiner Meinung nach erkennt man im Mut zur Einsamkeit den richtigen Mann. Ganz tief in seiner Seele lebt der Steppenwolf, einsam, eremitenhaft, nur auf sich gestellt. Vorübergehende Zweisamkeit läßt er gerade noch gelten. Aber alles, was danach kommt – verbindliche Partnerschaft, Familie oder Gruppengemeinschaft, jeder Zwang zur Norm –, lehnt er kategorisch ab. Sein weltlicher Ehrgeiz hält sich in Grenzen. In aller Regel gibt er nicht das geringste auf einen Platz in der Chefetage. Und auch die Mitgliedschaft im »Club der Reichen« ist ihm herzlich egal. Daß er dennoch hin und wieder auf fette Köder fliegt, hat ihm den Ruf eines Schmarotzers eingebracht. Aber kaufen kann man ihn auch nicht für pures Gold. Dann lieber untertauchen und als Taxifahrer fürs Nötigste sorgen!

Was seine Erotik angeht, so besitzt er wohl die einzig richtige Mischung aus Sex, Herz und Verstand, ist weich, ohne zu kleben, und läßt sich alle Projektionen gefallen. Mit einem Wort: Er ist der Mann, in den sich Frauen auf der Stelle verlieben. Auch wenn er gelegentlich den Macho mimt, sensible Frauen spüren sofort: Dahinter verbirgt sich ein ausgesprochener Softie, der nur darauf wartet, sanft verführt zu werden.

Eine feste Beziehung mit dem Fischemann steht jedoch auf einem ganz anderen Blatt und erfordert von der Dame seines Herzens schier übernatürliche Fähigkeiten. Denn sie hat nicht nur ein schillerndes und anmutiges, sondern auch ein völlig widersprüchliches und trotziges Geschöpf an ihrer Seite, dem jegliche Spontaneität abgehen

Sein Lieblingsspiel: Mich versteht sowieso keiner ... !

kann. Man wird mit ihm auf Karrierekurs oder in ein Meditationszentrum gehen, tantrische Liebeskunst zelebrieren oder bis zur Erschöpfung Monopoly spielen. Nur eines kann man nicht: erwarten, daß er die Initiative ergreift!
Er ist ein femininer Mann, hat daher überhaupt keine Probleme, den Hausmann zu spielen, zu kochen, sich die Schürze umzubinden und dergleichen mehr. Zum Macho oder Tyrannen taugt er nicht. Kindern gegenüber ist er zwiespältig eingestellt: Er mag sie, aber sie machen ihm auch angst, weil er sich vor ihrer Emotionalität so schlecht schützen kann. Schließlich noch ein Wort zu seinen Qualitäten als »Ernährer«: Die Tendenz ist eher, sich bei dem Thema irgendwie abzuseilen. Er hätte sogar kein Probleme, wenn die Frau diese Rolle übernähme.

DIE FISCHEFRAU AUF DEM PRÜFSTAND

Sie besitzt sämtliche Fischecharakteristika noch stärker, noch pointierter als der Mann. Als Vertreterin des letzten Zeichens im astrologischen Tierkreis sammeln sich in ihrer Psyche – symbolisch gesprochen – sämtliche femininen Gesichter der elf vorhergehenden Stufen, und sie ist zugleich die Kulmination weiblichen Seins. Sie kann sinnlich sein wie ein Stier, zänkisch wie ein Widder, ausufernd wie Zwillinge, launisch wie ein Krebs, stolz (und abgehoben) wie ein Löwe, nörgelnd wie eine Jungfrau, liebevoll wie eine Waage, großzügig wie ein Schütze, kalt wie der Steinbock, chaotisch wie ein Wassermann. Und sie ist die Sphinx in Person. Ein geheimnisvolles, schillerndes, fluoreszierendes Zaubergeschöpf, das Männer lockt und verführt. Sie ist das Urweibliche, der Himmel und das Verderben in einer Person.

Auf dieser Erde fühlt sie sich nur bedingt heimisch. Eher erlebt sie sich als gefallenen Engel, als Außerirdische oder Findelkind. Oft fühlt sie sich einsam und nicht verstanden. Dann sitzt sie wie in einem gläsernen Turm mitten unter den Menschen und ist dennoch weit entfernt. Sie gibt sich mysteriös und spricht seufzend von unbegriffener Seelentiefe ... Sehnsucht ist ihr beinah das wichtigste Gefühl, unerfüllte Liebe ist für sie schöner als ein plattes Zweier-Einerlei. Und so beginnt sie mit jedem, den sie mag, den ewigen Reigen der Wassernymphen und Feen, sie lockt, läßt sich fangen, entkommt, lacht und läuft dann wieder davon.

Sie ist eine märchenhafte Geliebte und eine einfühlsame Frau. Ihren Mann wird sie nie gängeln, aber von ihm erwarten, daß er seine Freiheit nicht mißbraucht. Ihre Hausfrauenkünste liegen, von Ausnahmen abgesehen, eher unter dem Durchschnitt, es sei denn, sie hat einen Mond im Stier, Krebs oder in der Jungfrau bzw. eins dieser Zeichen ist ihr Aszendent. Kindern gegenüber sind Fischefrauen in der Regel völlig zwiespältig eingestellt: Einerseits wollen sie nichts sehnlicher als ein Kind, andererseits erfinden ihr Körper, ihre Psyche oder ihr Schicksal tausend Gründe, daß es dann doch nicht klappt. Die Fischefrau ist eine einfühlsame Mutter, die aber aus Angst, ihrem Kind zu nahe zu treten, eher auf Distanz und auf »hart« macht.

UND SO KLAPPT'S MIT ALLEN ANDEREN

Im folgenden wird das Beziehungsspiel zwischen den Fischen und den zwölf möglichen Partnern des Tierkreises durchleuchtet. Dazu muß etwas Grundsätzliches gesagt werden: Es gibt keine Kombination, die unmöglich ist. Mit anderen Worten, wenn Sie ein Fischegeborener sind, können Sie's mit allen, egal, ob Löwe, Wassermann oder Zwillinge. Allerdings verlangt jede Partnerschaft einen bestimmten Preis. Bei manchen Kombinationen heißt dieser Ruhe oder Entspannung, bei anderen braucht man vielleicht mehr Zeit. Auch ist es von Fall zu Fall möglich, daß man mit einem bestimmten Partner in eine Krise gerät und dann etwas unternehmen muß, um die Krise gemeinsam zu bewältigen. Es gibt keine Kombination, die nur positiv ist. Es gibt allerdings solche, die bequemer sind als andere. Wer aber will entscheiden, ob Bequemlichkeit in jedem Fall ein erstrebenswertes Gut ist?

Fische UND WIDDER

Widder und Fische liegen zwar im Tierkreis nebeneinander, aber trotzdem trennen diese beiden Tierkreiszeichen Welten. Mit dem Widder beginnt der Zodiakus, mit den Fischen endete er. Tatsächlich leben auch Widdermenschen mit dieser Grundstimmung, daß sie sich in dieser Welt behaupten müßten, daß es darum gehe, sich einzubringen, etwas zu erreichen, sich einen Namen zu machen. Fische hingegen sehen dies alles lässiger und distanzierter. In ihnen keimt auch ein Wissen darüber, daß dies alles, wofür sich der Widder abplagt und abstrampelt, für sie längst gegessen ist. In der Beziehung zwischen den beiden scheint der eine Partner in dieser Welt zu stehen, der andere außerhalb von ihr. Das ist einerseits natürlich ungeheuer reizvoll, beide betreten beim anderen Räume, die sie nicht kennen, sie werden so zu Grenzgängern zwischen zwei Welten. Aber die ganze Chose kann auch ungeheuer nervenaufreibend und im ungünstigen Falle regelrecht destruktiv sein.

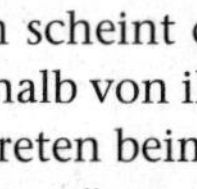

Fische UND STIER

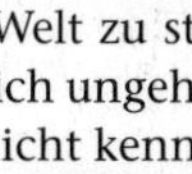

Der Stier gehört dem Element Erde an, Fische zählen zum Wasser. In dieser Kombination fördern sich beide Elemente gegenseitig. Symbolisch gesprochen, befruchtet das Wasser die Erde, und diese wiederum gewährt dem Wasser Halt – man denke beispielsweise an ein Flußbett. Über dieser Gemeinschaft stehen also Wachstum, Stabilität und Fruchtbarkeit. Das kann sich als Familiengründung, in der Vergrößerung des Hausstandes, aber auch in einer gemeinsamen Karriere niederschlagen. Allerdings sind noch viele Hürden zu meistern. Die größte davon ist die, daß die Fische sich als zwölftes Zeichen eigentlich am Ende der »kosmischen Reise« befinden, während der Stier als zweites ganz am Anfang steht. Der Fischegeborene will frei sein von Verpflichtungen, er braucht Zeit für sich, sein inneres Wachstum, für Erkenntnis, und im Grunde träumt er davon, alles Irdische hinter sich zu lassen und an einem ruhigen Plätzchen die Erleuchtung zu finden. Der Stier hingegen träumt davon, all das aufzubauen, was der Fischepartner bereits hinter sich wähnt. Ich kenne solch ein Paar aus meiner therapeutischen Praxis: Er ist Stier, steht mit beiden Beinen fest auf der Erde, arbeitet bei einer Bank und interessiert sich für Geld und Weine. Sie, die Fischegeborene, ist Krankenschwester, möchte Heilpraktikerin werden und interessiert sich entsprechend für alternatives Heilen und Esoterik. Es gelang ihr immerhin, ihren Partner mit in die Paartherapie zu manövrieren. Das war ein Glücksfall. Denn hier konnten beide ihre unterschiedlichen Erwartungen ansprechen und bei aller Verschiedenheit dann doch das Gemeinsame wiederentdecken, ihre Liebe nämlich.

Fische UND ZWILLINGE

Das ist nicht gerade die perfekte Kombination für eine Heirat, aber bestimmt für eine wilde Liaison oder auch heimliche Affäre. Fische fühlen in Zwillingen eine verwandte Seele, einen Menschen, der letztlich frei ist wie sie, aber auch so heimatlos. Das sind natürlich die besten Voraussetzungen für alle erdenklichen Projektionen. Kommt man dann richtig zusammen, heiratet oder lebt in einer eheähnlichen Gemeinschaft, läßt sich die Wirklichkeit nicht mehr kaschieren: Man kennt sich eigentlich gar nicht richtig. Das könnte der Anfang einer guten Beziehung sein. Aber die meisten brechen an diesem Punkt ab. Und es heißt: »Auf ein neues Glück!«

Fische UND KREBS

Beide Tierkreiszeichen scheinen über den »Faktor X«, das heißt übersinnliche Fähigkeiten und einen Sinn für Schicksalhaftes, zu verfügen. Kommen sie zusammen, ist es jedem der beiden klar, daß sie füreinander bestimmt sind, daß sie sich schon lange kennen – vielleicht aus einem früheren Leben oder sonstwoher. Mit seinem Einfühlungsvermögen weiß jeder, was der andere will, was er braucht, was ihm guttut. Eine Verbindung entsteht, in der jeder dem anderen nahe ist, ohne unbedingt in dessen physischer Nähe sein zu müssen. Ich kenne zum Beispiel ein Paar, das seit über fünfzehn Jahren zusammen ist, der Mann verweilt aber mindestens die Hälfte des Jahres im Ausland. Trotzdem hat – ihren Aussagen zufolge – noch nie jemand von beiden einen Seitensprung gewagt. »Distanz«, so sagte mir einmal der Mann, »ist für uns kein wirkliches Problem. Manchmal denke ich an meine Frau, und sie ruft mich an. Wir haben es sogar schon überprüft, daß wir beide zur gleichen Zeit aneinander denken.« Diese Beziehung ist reich an Gefühlen, und das Seelische nimmt einen großen Raum ein. Eine Gefahr besteht insofern, als man einander so ähnelt, daß mit der Zeit die Spannung und damit die gegenseitige Attraktion immer mehr schwindet. Was dann hilft, ist, gemeinsam zu verreisen. Mit jedem Kilometer, den man zusammen zurücklegt, steigt die Lust aneinander wieder.

Fische UND LÖWE

Der Löwe ist das fünfte Zeichen im Tierkreis, die Fische sind das zwölfte und letzte. Tatsächlich erlebt sich der Löwe in der Mitte des Lebens, das er in vollen Zügen zu genießen sucht. Wohin sein Erdendasein führt, interessiert ihn wenig, das heißt, er entwickelt aus seiner bejahenden Grundeinstellung heraus nur positive und glückliche Lebensziele. Der Fischegeborene hingegen kennt das Leben, er weiß in seiner tiefsten Seele, daß alles letztlich dahin gehend ausgerichtet ist loszulassen. Er gleicht daher ein wenig dem Mönch, der dem Weltlichen entsagt, während der Löwe dem Kaufmann bzw. Lebemann ähnelt. Trotz dieses kolossalen Unterschiedes – oder vielleicht auch gerade deswegen – ziehen sich Vertreter dieser beiden Tierkreiszeichen ungeheuer stark an und führen häufig eine erfüllende und fröhliche Partnerschaft. Beide sind nämlich auch sehr tolerant und großzügig und können den anderen so lassen, wie er eben ist.

Fische UND JUNGFRAU

Jungfrau und Fische liegen sich im Tierkreis genau gegenüber. Das bedeutet, daß die Menschen, die unter diesen Zeichen geboren wurden, extrem unterschiedlich sind: Die Jungfrau sucht Glück und Sicherheit auf der Erde, der Fischegeborene ahnt zumindest, daß diese irdische Existenz nur ein Zwischenstadium ist, ein Übergang oder eine Vorstufe zu etwas völlig anderem. Das hat ganz praktische Konsequenzen, etwa dann, wenn die Jungfrau wie ein Ackergaul schuftet, um ihrem Leben ein solides Fundament zu verschaffen, und der Fischepartner sein Geld für Dinge ausgibt, die nun überhaupt nicht ins Weltbild der Jungfrau passen – für ein Meditationscamp im Himalaja zum Beispiel. Auf der anderen Seite ziehen sich gegenüberliegende Tierkreiszeichen aber auch an, weil jeder genau das hat, was dem anderen am meisten fehlt: dem Fischemenschen Realitätsbewußtsein und der Jungfrau Vertrauen in eine höhere Fügung. Eine Jungfrau kennt immer einen Fischegeborenen. Wenn er nicht ihr Partner ist, so ist er ihr Freund, ihr Kind oder was auch immer. Sie braucht ihn, um aus allzu vordergründigen Zwängen herauszufinden. Umgekehrt brauchen alle Fische eine Jungfrau, denn sie hat den Schlüssel, um auf der Erde lebbare Räume zu erschließen.

Fische UND WAAGE

Es handelt sich hier um ein seltenes Paar – einfach deswegen, weil sie doch sehr unterschiedlich sind. Der Fischegeborene fühlt sich dem

Wasser nah, ist gefühlvoll, introvertiert und zufrieden, wenn er seine Ruhe hat und bei sich sein kann. Ganz anders die Waage. Sie will etwas erleben, ist extravertiert, sucht als Luftzeichen andere Menschen und fühlt sich mitten in einem Café oder bei einer öffentlichen Feier unter vielen Menschen viel wohler als auf einer einsamen Insel, wo der Fischegeborene aber gern leben würde. Hinzu kommt, daß beide Zeichen von ihrer Natur her unsicher sind. Das führt automatisch dazu, daß jeder beim anderen die Sicherheit sucht, die er bei sich selbst vermißt, dann aber frustriert ist, wenn er sie beim vermeintlich starken Partner auch nicht finden kann. Eine derartige Beziehung funktioniert nur, wenn beide vollkommen mit offenen Karten spielen, das heißt sagen, daß sie selbst unsicher, schwankend, labil und beeinflußbar sind. Dann wird im glücklichen Falle aus dieser Kombination zweier »schwacher« Zeichen ein Paar, das gemeinsam viel stärker ist als die meisten anderen Kombinationen.

Fische UND SKORPION

Diese beiden Tierkreiszeichen entsprechen sich in zweifacher Hinsicht. Zum einen gehören beide dem »Wasserclan« an, verstehen sich aufgrund der gleichen Elementezuordnung also auf Anhieb, erleben die Welt gefühlshaft, hängen nicht am Stofflich-Konkreten, und sie verstehen sich grundsätzlich auch völlig ohne Worte. Das macht sich ebenso in ganz praktischen Dingen bemerkbar, zum Beispiel bei der Wohnungseinrichtung oder beim gemeinsam bevorzugten Restaurant. Zum anderen sucht der Skorpion einen Menschen, der es erstens wert ist, sein eigenes Ich zugunsten eines gemeinsamen »Wir« aufzugeben, und der zweitens selbst dazu in der Lage ist. Was das zweite betrifft, hat der Fisch nun überhaupt keine Probleme. Als letztes Tierkreiszeichen hat er die Stadien der Ichauflösung ja alle »hinter sich«. Es belustigt ihn daher zuweilen, wenn er die Anstrengungen sieht, mit denen ein Skorpion um diese Dinge ringt – und unter ihnen leidet. Und daß der Fischegeborene eines Skorpions würdig ist, ergibt sich schon allein daraus, daß er sich vor ihm nicht fürchtet. Probleme entstehen höchstens hinsichtlich der Bindungsbereitschaft eines Fischepartners: Als letztes und veränderliches Zeichen ahnen die Fische, daß jede Bindung nur vorübergehend, das gesamte Leben – und mithin auch die Liebe – flüchtig ist und immer nur einen Moment lang existiert.

Fische UND SCHÜTZE

Meistens schaffen diese beiden Tierkreiszeichen in ihrer gemeinsamen Beziehung eine Atmosphäre voller Mißverständnisse. Das vorherrschende Element des Schützen ist Feuer. Fische wiederum gehören dem »Wasserclan« an. Und während es zwischen Wasser- und Feuersymbolik zuweilen durchaus zu einer explosiven Mischung kommen kann, die sehr aufregend und vielversprechend ist, entsteht bei der Verbindung Fische–Schütze meistens nichts als heiße Luft. Dem Fischegeborenen ist der Schütze viel zu aufgeblasen, dem Schützen wiederum ist der Fischepartner zu weltfremd und vor allem zuwenig aktiv. Im tiefsten Kern beruht das Mißlingen dieser Beziehung allerdings auf einer unbewußten gegenseitigen Mißachtung. Und genau hier könnte auch die Partnertherapie ansetzen, wenn sich zwei solche Menschen trotzdem aneinandergewagt haben und die Zweisamkeit suchen: Sie müssen beide lernen, sich gegenseitig deutlicher zu signalisieren, daß sie sich lieben.

Fische UND STEINBOCK

Zunächst einmal scheinen Welten aufeinanderzuprallen. Die Fische sind ein außerordentlich starkes Wasserzeichen, das sich gern entzieht und in einer eigenen Welt lebt. Der Steinbock hingegen ist ein Erdzeichen, das alles begreifen, ordnen und vereinheitlichen möchte. Aber so unwahrscheinlich es klingt, diese beiden Menschen können zu einer gefühlvollen und erfüllenden Liebe gelangen, die auf gegenseitigem Respekt fußt. Ihre gegensätzlichen Naturen eröffnen einander neue Horizonte. Die verschiedenartigen Erfahrungen, die jeder mitbringt und immer wieder neu macht, liefern viel Gesprächsstoff, und jeder findet im anderen, was er selbst nicht hat und beim anderen liebt, was er aber auch gar nicht unbedingt selbst haben möchte: Beim Fischegeborenen ist es das Gefühl, die Weite und Muße, beim Steinbock ist es die Klarheit, Konzentration und Vernunft.

Fische UND WASSERMANN

Ihre Gemeinsamkeit ist ihre große, weite, aufgeschlossene Seele. Alles findet darin Platz. Das hilft ihnen mehr oder weniger über die zahlreichen Probleme und Schwierigkeiten hinweg, die diese Verbindung zwischen Luft und Wasser mit sich bringt. Aber es gibt einen markanten Unterschied: Wassermänner sind extravertiert, reden viel und fühlen sich unter anderen Menschen am wohlsten. Fische sind introvertiert und fühlen sich auch allein pudelwohl. Das kann zu einem so großen Problem werden, daß beide nicht mehr zusammenleben können. Ich kenne allerdings einige solcher Paare, die es geschafft haben zusammenzubleiben, in einem Fall sogar schon über dreißig Jahre. Verschweigen möchte ich dabei allerdings nicht, daß ihr Weg mit Dramen gepflastert ist. Außerdem haben beide ihren eigenen Bereich: Der Wassermann ist Moderator beim Rundfunk, kann also ewig quasseln, der Fisch ist Chemiker und sitzt manchmal stundenlang vor seinen Reagenzgläsern und schweigt!

Fische UND FISCHE

Zwei typische Fische können durchaus gute Freunde werden. Aber für eine partnerschaftliche Gemeinschaft fehlt der Kontrapunkt, die Spannung, die Herausforderung. Daher ist diese Kombination so selten wie ein Fisch in der Wüste.

Gesundheit UND FITNESS

In der astrologischen Medizin ordnet man jedem Tierkreiszeichen andere Körperregionen, physiologische und psychologische Funktionsweisen und entsprechende Krankheitsdispositionen zu. Dies bedeutet, es bestehen verschiedene Neigungen zu unterschiedlichen Störungen und Erkrankungen; das heißt aber noch lange nicht, daß bei jedem Tierkreiszeichen auch tatsächlich die ihm im folgenden zugeordneten Krankheiten auftreten werden.

Körperliche Entsprechungen Fuß, Lymphsystem, der Gang
Psychologische Entsprechungen Mystik, Individuation, Allverbundenheit, Spiritualität
Krankheitsdispositionen Fußbeschwerden, fiebrige Erkrankungen, Alkoholismus, Allergien, Hüftleiden, Asthma, Heuschnupfen, Kreuzschmerzen

TYPISCHE KRANKHEITEN DER FISCHE

Fischegeborene neigen zu den verschiedensten Beschwerden, unter anderem im Zusammenhang mit den Füßen und dem Lymphsystem. Damit Sie die Logik, die hinter diesen Zuordnungen steckt, und die psychosomatischen Ursachen der Symptome besser kennenlernen können, seien hier einige wichtige und häufige Probleme der Fische genannt.

Füße und Lymphe – Fuß fassen und mit allem verbunden sein

Wir haben in unserem Alltagsbewußtsein nur eine sehr unbestimmte Vorstellung von unseren Füßen. Solange sie nicht schmerzen, bleiben sie am Rande der Wahrnehmung. Erst wenn man die Aufmerksamkeit auf sie richtet, erahnt man, welch ungeheuer wichtige Aufgabe ihnen obliegt. Schließlich tragen sie den ganzen Menschen,

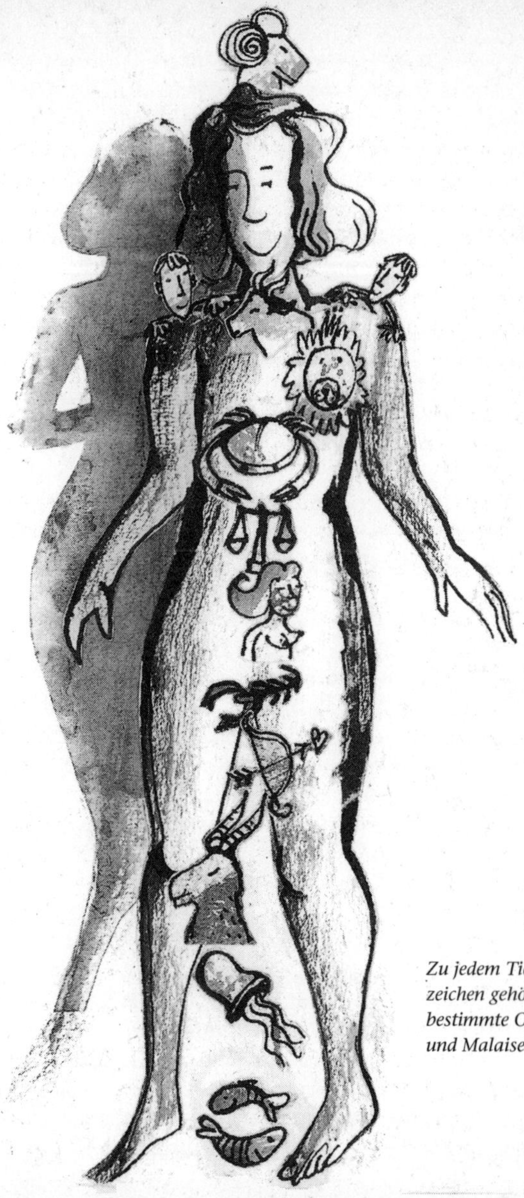

Zu jedem Tierkreiszeichen gehören bestimmte Organe und Malaisen

geben ihm Halt und verbinden ihn mit der Erde. Wenn man gehen will, müssen sie sich zuerst vom Boden lösen. Es scheint paradox, denn die Füße spielen eine äußerst wichtige Rolle und führen dennoch ein Dasein im Unbestimmten, beinah Unbewußten.
Mit den Füßen beginnt der Mensch sein eigenes Leben. Er kommt zwar mit dem Kopf voraus auf die Welt, aber erst wenn er seine eigenen Füße benutzen kann, verliert er immer mehr seine unmittelbare Abhängigkeit. Dabei ist dieser Prozeß der Selbständigwerdung niemals abgeschlossen. Wenn wir einmal gehen können, verlassen wir irgendwann unser Elternhaus, um in einer neuen Umgebung »Fuß zu fassen«. Auch im Beruf »betreten« wir Neuland, und wenn wir uns verlieben, müssen wir beim Partner »ankommen«. Irgendwann werden wir »Fuß voran« aus dem Haus getragen. Und wer weiß, ob wir nicht dann erneut »Fuß fassen« müssen, dieses Mal in einer ganz anderen Wirklichkeit.
Für Fischegeborene spielt das Thema »Fußfassen« eine besonders zentrale Rolle. Zum einen fühlen sie sich in aller Regel nicht gebunden an ein bestimmtes Fleckchen Erde und bezeichnen ähnlich Globetrottern oder Kosmopoliten eher die ganze Welt als ihr Zuhause. Zum anderen sind sie bindungsloser als Vertreter anderer Tierkreiszeichen. Beziehungen genauso wie feste Jobs erleben sie schnell als »Fußangeln«. Drittens begegnen sie neuen Situationen vorsichtig und ängstlich und bekommen – wie es der Volksmund nennt – schnell »kalte Füße«.
Fischegeborene haben also Probleme mit dem Fußfassen. Sie haben zuwenig oder – ihrer Meinung nach – zuviel »Fußkontakt«. Dieses psychische Problem manifestiert sich zuweilen tatsächlich auf der körperlichen Ebene als Fußprobleme: Brüche, Verstauchungen, Verletzungen, Entzündungen oder Hauterkrankungen. Bei einem typischen Fisch, der über Fußbeschwerden klagt, kann man aus psychosomatischer Sicht rückschließen, daß er das Thema »Fußfassen« auf den Körper übertragen hat.
Dabei treten ernsthafte Probleme selten vor dem dreißigsten Lebensjahr auf. Aber es gibt zuvor bereits Anzeichen, etwa Träume, die mit den Füßen zu tun haben (nicht gehen können, schwere Schuhe anhaben, angewachsen sein), heiße oder kalte Füße, stark schwitzende Füße oder Hautausschlag an den Füßen.
Doch nicht nur die Füße werden mit dem Fischezeichen verbunden, sondern auch das Lymphsystem. Es besteht aus Lymphgefäßen, -knoten und Milz. Die Lymphflüssigkeit entsteht durch den Austritt von Blutplasma aus den Kapillaren, den haarfeinen Blutgefäßen, fließt

dann in die Gewebsspalte und wird durch die Lymphgefäße (anfangs ohne, später mit Wandung) über Lymphknoten wiederum dem Blut zugeführt. Es handelt sich also um ein offenes System. Dabei sticht die Parallelität zwischen Fischeenergie und körperlicher Entsprechung ins Auge: Fische sind Wasserzeichen, sie sind sehr offen und leben am Rande der Allverbundenheit. Ist da das Lymphsystem nicht ein direkter, materieller Ausdruck dieser besonderen seelisch-geistigen Fischequalität?
Die Lymphknoten produzieren die Lymphozyten, eine besondere Form weißer Blutkörperchen. Sie fangen Krankheitskeime, fremde Stoffe sowie wandernde Krebszellen ab und versuchen, sie unschädlich zu machen. Das Lymphsystem ist also ein wesentlicher Teil der körpereigenen Immunkraft.
Fischemenschen haben nun ein besonders sensibles Abwehrsystem. Ein Zeichen dafür ist beispielsweise ihre Anfälligkeit für Allergien. Wenn sie im Frühjahr auf bestimmte Blütenpollen mit Heuschnupfen reagieren, dann versagt bei ihnen die »Gesundheitspolizei«, das Abwehrsystem. Auf der psychologischen Ebene entspricht dem lymphatischen Abwehrsystem die Fähigkeit, adäquat auf Reize anzusprechen. Auch auf dieser Ebene zeigt der Fischetyp eine Überreaktion. Daher geht ihm die laute Welt schnell an die Substanz.
Ein weiteres Problem liegt darin, daß Fische – wie das Lymphsystem – offen sind und rasch Reize aus der Umwelt aufnehmen. In gewisser Weise sind sie schutzloser als andere Menschen. Für manche Fischemenschen wird daher diese Offenheit unerträglich, und sie versuchen ihr zu begegnen, indem sie ihren Körper systematisch aufschwemmen. Sie polstern sich ab und verschanzen sich gewissermaßen gegen die als hart erlebte Welt. Dabei wird enorm viel Flüssigkeit aufgenommen. Solche Menschen erkennt man am runden, aufgeschwemmten Körperbau.
Fischemenschen sollten sich von Zeit zu Zeit – und insbesondere, wenn sie unter Symptomen wie Allergien, Fußbeschwerden, Ödemen (Wasseransammlungen) oder Abwehrschwäche leiden – mit folgenden Fragen auseinandersetzen:

- Fällt es mir leicht, Fuß zu fassen und wieder zu gehen?
- Wovor will ich mich schützen?
- Wo brauche ich klarere Grenzen?
- Was rückt mir zu bedrohlich auf den Leib?

- Was riskiere ich, wenn ich deutlicher zu erkennen gebe, daß ich meinen eigenen Raum beanspruche?

Fische, die trinken, sind in ihrer Welt

Hinter jeder Sucht steckt die Angst, durch zu große Zugeständnisse an die sogenannte Wirklichkeit seine Seele zu verlieren. Der Fisch ist in gewissem Sinn ein »Weltenflüchter«. Schon die Alten deuteten sein Zeichen am Himmel, das aus zwei Fischen besteht, von denen jeder in eine andere Richtung weist, als die beiden Seelen des Fischemenschen: Einer strebe in die Welt, der andere aber versuche, ihr zu entkommen. Und Grenzgänger bleiben sie immer. Manche leben am Rande der Gesellschaft, andere zieht es ins Kloster oder klosterähnliche Zirkel. Und wieder andere finden im Rausch eine Ersatzwelt für das verlorene Paradies. Fische neigen zum Alkoholismus. Im Rausch oder seinen Vorboten, dem Schwips und der beschwingten Daseinsfreude nach einem Glas Wein, finden sie zu sich. Ihre Unsicherheit weicht einer euphorischen Stimmung, sie betrachten die Welt wie durch ein Fenster aus milchigem Glas. Auch die selige Verbrüderung, die mit einem Rausch einhergeht, ist »fischig«. Diese Menschen erleben sich gern am Rande einer Allverbundenheit, in der jedes Individuum jeden anderen liebt und versteht. Im Normalzustand erlauben sich Fische kaum solche Empfindungen; da gehört schon ein tüchtiger Schuß Alkohol dazu.

Einen wirklichen Ersatz zur Sucht findet der süchtige Mensch nur auf Wegen, die seine Suche nach Glück und Sinn erfüllen können. An erster Stelle stehen Musik und Meditation. Natürlich muß aber auch die Angst vor einer zerstörenden Realität aufgearbeitet werden.

Fischegeborene sollten sich bei Suchtproblemen deshalb mit folgenden Fragen auseinandersetzen:

- Von wem oder durch was fühle ich mich bedrängt?
- Ist mein Leben zu vernunftgeleitet?
- Habe ich genügend Raum für meine Fischeseite?
- Wen möchte ich täuschen oder im unklaren lassen?

Mars, der Powerplanet, verleiht Fitneß und Kraft

Das wichtigste ist, daß der Fisch sich seine eigene Art zugesteht und entsprechend lebt. Als ein Kind des Meeresgottes Neptun ist er kein Aktivist oder Dynamiker und kein geborener Draufgänger oder Sieger. Seine Stärken liegen im Einfühlen, Spüren, Heilen und Genießen. Genauso wichtig ist aber, daß er »unter seinen Füßen« sicherer wird, um für diese Welt, in die er nun einmal hineingeboren ist, gerüstet zu sein.

Die Fußreflexzonenmassage – Heilung durch die Füße

Auf der Haut der beiden Fußsohlen befinden sich Druckpunkte, die dem ganzen Körper entsprechen. Massiert man zum Beispiel den Druckpunkt Magen, dann regt man damit auch das Organ Magen an. Es hat sich herausgestellt, daß Fische besonders gut auf diese Fußreflexzonenmassage reagieren. Daher sollten sie täglich wenigstens zehn Minuten ihre Füße massieren. Literatur zu dieser Massage findet man in jeder gut sortierten Buchhandlung.

Sauna und Sport

Fischegeborene sollten regelmäßig (ein- bis zweimal die Woche) ihren Organismus dabei unterstützen, sich zu entschlacken. Am besten ist dafür die Sauna geeignet. Aber auch jeder Sport (zum Beispiel Jogging oder Kraftsport), der den Körper ins Schwitzen bringt, ist günstig. Dadurch werden Schadstoffe ausgeschieden, das Lymphsystem entlastet und der Körper durch Schwitzen und anschließende Flüssigkeitszufuhr belebt. Alle erwähnten Aktivitäten sollten aber nie unter dem Gesichtspunkt der Höchstleistung betrieben werden. Fischemenschen brauchen Zeit und das Gefühl, daß sie allmählich in eine Tätigkeit hineinwachsen. Sie sollten sich immer wieder selbst daran erinnern, daß sie sich durch ihr Leben behutsam und mit viel innerer Anteilnahme und Aufmerksamkeit bewegen.
Auf der anderen Seite sprechen Fische auch auf Reiztherapien besonders gut an. Bei Sauna, Bürstungen, abwechselnd kalten und heißen Wassergüssen wird der Organismus einer stärkeren Reizung ausgesetzt, um ihn regelrecht aufzuwecken.

DIE APOTHEKE DER NATUR

Bei Fußbeschwerden reibe man die Füße täglich mit Johanniskrautöl ein. Auch bei einem vorübergehenden Schwächezustand ist dieses Öl hervorragend geeignet. Bei Asthma oder allgemeinen Atembeschwerden wird zu einer Teemischung aus Thymian- und Sonnentaukraut geraten. Zur Schleimverdünnung bei Asthma zeigen ebenso die Heilkräuter Huflattich, Senegawurzeln (Klapperschlangenwurzeln) und Primula (Primeln, Schlüsselblumen) eine sehr gute Wirkung (übrigens heißt *primula* auf lateinisch eigentlich »erste [Blume des Frühlings]« ...).

DIE RICHTIGE DIÄT FÜR FISCHE

Wenigstens zweimal im Jahr sollten Fische fasten. Das reinigt Körper und Seele und entschlackt. Der beste Zeitpunkt liegt ein paar Tage vor ihrem Geburtstag und dann wieder in der Skorpionzeit (24. Oktober bis 22. November). Bei einer Fastenkur ist es günstig, zuvor mit dem Hausarzt oder Heilpraktiker zu sprechen, um Risiken auszuschließen. Wer völlig gesund ist, braucht natürlich keinerlei Konflikte zu befürchten.

Die Fastenkur sollte etwa eine Woche dauern und bei abnehmendem Mond durchgeführt werden. Wichtig ist reichliche Flüssigkeitszufuhr (zwei bis drei Liter [Quell]wasser täglich). Trinken ist überhaupt ein wichtiges Heilmittel für Fische; sie sollten täglich auf die Zufuhr einer ausreichenden Flüssigkeitsmenge (wozu natürlich nicht Kaffee, Tee oder Alkohol zählen) sorgen.

Beruf UND KARRIERE

GROSSES MITGEFÜHL UND ZU HAUSE IM UNENDLICHEN

Fischegeborene benötigen in aller Regel viel Zeit, bis sie den Beruf gefunden haben, der ihnen entspricht, den sie mögen und in dem sie dann auch etwas leisten. Bis sie auf ihn stoßen, ergreifen sie häufig Übergangslösungen wie Taxifahrer, Aushilfskellner, Statist im Theater, beim Film und Fernsehen. Es bringt auch überhaupt nichts, wenn Eltern auf ihre Fischekinder Druck ausüben oder verzweifeln, weil sie mit fünfundzwanzig, dreißig Jahren immer noch keinen »richtigen« Beruf ausüben. Ein Fisch muß seinen Weg gehen. Er muß mit dem Strom schwimmen, der ihn trägt. Aus meiner Praxis weiß ich, daß Fische zum Teil erst mit vierzig und mehr Jahren *ihren* Beruf gefunden haben.

Es ist auch »typisch Fisch«, daß sie etwas anfangen und nicht zu Ende führen. Ja, es gehört meiner Erfahrung nach richtiggehend zum Fischenaturell. »Meister« beim Berufewechseln ist ein mir bekannter Fisch, der als Krankenpfleger begann und schließlich Heilpraktiker wurde. Dazwischen studierte er Theologie (abgeschlossen), Pädagogik, Kunstgeschichte, Psychologie (abgeschlossen). Er war Taxifahrer, Hilfsarbeiter, Schauspieler und Gärtner.

»Fische« ist ein Wasserzeichen genau wie Krebs und Skorpion. Das Element Wasser symbolisiert in der Astrologie die Fähigkeit, mitzuschwingen, Gefühle und Stimmungen aufzunehmen und von ihnen berührt zu werden. Fischemenschen sind voller Mitgefühl mit der Schöpfung. Sie kommen an keinem Bettler vorbei, ohne ihm eine Mark zuzustecken, und an keinem Wurm, der sich krümmt. Ich weiß, daß jetzt viele Fische – und auch Kenner von Fischen – protestieren und entgegnen werden, daß es mit dem Mitgefühl von Fischen so weit nicht her sei. Fische könnten auch ganz schön hart, abweisend und pampig sein. Stimmt! Aber das ist dann purer Selbstschutz. Fische sind derart sensibel, daß jedermann von ihnen alles bekommen könnte. Daher sagen sie zuweilen lieber gleich grundsätzlich nein, geben sich besonders cool, um erst gar nicht in Versuchung zu geraten. Nichtsdestotrotz, das ist der Grund, warum Fische wildfremde Menschen pflegen können, als wären sie ihre engsten Angehörigen. Sie fühlen sich mit allen Geschöpfen verbunden. So ergreifen Fische Berufe, bei denen sie ihre Allverbundenheit, ihr Mitgefühl für alle, leben können: Sie wachen an Krankenbetten, betreuen in Gefängnissen, helfen Drogenabhängigen oder schulen geistig Behinderte (der evangelische Theologe Friedrich von Bodelschwingh, Leiter der Bodelschwinghschen Anstalten in Bethel/Bielefeld, war beispielsweise ein Fisch). Dazu kommt ihr berühmter »sechster Sinn«, der schon weiter oben erwähnt wurde. Nicht wenige Fische machen daraus ihren Beruf und werden »Medium«, Wahrsager oder ähnliches (bekannte Medien waren der Hellseher Gérard Croiset und der berühmte Seher Edgar Cayce, beides Fischegeborene).

Aus einer ebenso geheimnisvollen Quelle schöpfen Fischemenschen die Gabe, Krankheiten und ihre Ursachen zu orten und zu heilen. Wegen dieser großen natürlichen Heilkraft finden sich viele Fische unter Heilpraktikern, Naturärzten und Anhängern alternativer Behandlungsmethoden.

Eine weitere Domäne fischebetonter Menschen ist die Wissenschaft. Dort, wo es um abstrakteste Dinge geht, wo man den letzten Geheimnissen der Materie auf der Spur ist, wo das Denken in die Unendlichkeit des Weltraumes dringt, greift Fischeenergie. Die größten Mathematiker, Physiker, Chemiker und Astronomen waren Fische: Der Physiker Albert Einstein entwickelte die Relativitätstheorie. Dem Chemiker und Fischegeborenen Otto Hahn, der in Zusammenarbeit mit Lise Meitner eine große Anzahl radioaktiver Elemente bzw. Isotope entdeckte, gelang die erste künstliche Kernspaltung. Die beiden Astronomen Nikolaus Kopernikus und Galileo Galilei bewirkten letztlich den Sturz des zu ihrer Zeit gültigen Weltbilds, indem sie das bereits in der Antike entworfene heliozentrische System als richtig und damit die Sonne und nicht mehr die Erde als Mittelpunkt unseres Sonnensystems erkannten.

Von der Mathematik, Physik, Chemie oder Astronomie ist es nur ein kleiner Schritt zur Astrologie. Natürlich empfindet die weite Fischeseele beim Bild des kosmischen Raums als Spiegelbild menschlicher Geschicke Faszination. Von Kopernikus weiß man, daß er auch Astrologe war. Einstein zeigte zumindest ein großes Verständnis für die Astrologie. Der Professor für Psychologie Hans Jürgen Eysenck, ebenfalls ein Fisch, führte vieldiskutierte astrologische Forschungen durch. Und zahlreiche bekannte Astrologen sind oder waren Fische: Morin de Villefranche, Robert Pelletier, Alfred Witte und Wolfgang Döbereiner.

Der Tierkreis steht symbolisch für sämtliche Belange des Lebens

DIE WELT DER AUSSENSEITER

Es existieren zahlreiche Berufe »am Rande« der Gesellschaft. Dazu gehören so schillernde Tätigkeiten wie Zirkusartist, Jongleur, Schießbudenbesitzer oder Flohmarkthändler. Einige dieser Randberufe werden bevorzugt von Fischen ausgeübt. Sie spielen auch gern Theater und lieben es, in einer Filmcrew zu arbeiten. Hauptsache, der Job ist nicht regelmäßig. Lieber nehmen sie endlos viele Überstunden in Kauf, als daß sie jeden Morgen um die gleiche Zeit aufstehen und zu ihrem Büro trotten müssen. Die Welt des Films ist übrigens eine beliebte und attraktive Perspektive für jeden Fisch. Denn dort findet er die Möglichkeit, am Entstehen einer anderen Welt, einer Scheinwelt sozusagen, teilzuhaben.

Außerdem sind Fische ungeheuer künstlerisch talentiert. Ich bin überzeugt, daß in jedem großen Orchester deutlich mehr als ein Zwölftel Fische sitzen und daß genauso in jeder Kunstakademie mehr Fische als andere Tierkreiszeichen »werkeln«. Hier wenigstens die Namen von ein paar besonders begnadeten Fischegeborenen: die Schauspielerinnen Giulietta Masina, Elizabeth Taylor, Liza Minelli, Ursula Andress sowie Anna Magnani, der Maler, Bildhauer, Baumeister und Dichter Michelangelo Buonarroti, die Musiker Gioacchino Antonio Rossini, Johann Strauß (Vater), Georg Friedrich Händel und Frédéric Chopin, die Regisseure Pier Paolo Pasolini, Luis Buñuel und Bernardo Bertolucci und die Schriftsteller Erich Kästner, Joseph Freiherr von Eichendorff und Karl May.

Damit jetzt nicht der Eindruck entsteht, Fische könnten nur geistig oder künstlerisch tätig sein, sei wenigstens noch ein Fischemann erwähnt, der etwas ganz anderes macht. Gemeint ist Alan Greenspan, der Chef der amerikanischen Notenbank. Er gilt als unbestrittener Dirigent aller Finanzmärkte. Aber auch bei ihm »schimmert« der Fisch durch. Zumindest sagte er in einem TV-Interview über seine Arbeit: »Es ist wie Murmelspielen. Man darf sie bloß nicht zu ernst nehmen ...!« Ob er deswegen so überaus erfolgreich ist?

Wo arbeiten Fische am liebsten?

Fische arbeiten am liebsten da, wo Einfühlungsvermögen und Intuition wichtig sind und Hilfe und Nächstenliebe eine Rolle spielen. Sie legen ebenfalls Wert auf Berufe, in denen dem Glauben Bedeutung zukommt. Auch alle künstlerischen Tätigkeiten und Berufe ziehen sie an. Darüber hinaus sind sie exzellente Wissenschaftler – besonders Mathematiker, Physiker, Astronomen und Astrologen. Sie sind geschickt bei sämtlichen Tätigkeiten, bei denen praktische Heilmaßnahmen erfolgen. Wegen ihrer außergewöhnlichen Intuitionskraft werden sie auch großartige Schriftsteller, Redner, Politiker. Ein beliebtes Gebiet für Fische ist die Herstellung, der Vertrieb und Verkauf von Drogen und Arzneien aller Art. Sie sind geduldige und einfühlsame Lehrer. Zu finden sind Fische auch in Bereichen, in denen Getränke hergestellt, vertrieben und verkauft werden.

Berufe der Fische

A/B (Angestellter/Beamter) Justizverwaltung, A/B Sozialversicherungsanstalten, A/B Strafvollzugsdienst, A/B Wetterdienst, Anwendungsprogrammierer, Apotheker, Archivar, Arzthelferin, Astrologe, Astronom, Astrophysiker, Berufe in Umweltorganisationen, Bibliothekar, Biochemiker, Biotechniker, Bürogehilfe, Chemielaborant, Chemiker, chemisch-technischer Assistent, Chemotechniker, Datenverarbeitungskaufmann, Diakon, Dipl.-Ing. Fachrichtung Chemie, Dipl.-Ing. in der Konstruktion, Diplompsychologe, Diplomphysiker, Diplomsozialarbeiter, Dorfhelferin, EDV-Organisator, Entwicklungshelfer, Ethnologe, Facharzt für Allgemeinmedizin, Facharzt für Chirurgie, Fachlehrer, Familienpfleger, Fußpfleger, Gartenbauarchitekt, Gärtner, Gewerkschaftsfunktionär, Hebamme, Heilerziehungspflegehelfer, Heilerziehungspfleger, Heilpädagoge, Heimerzieher, Heimleiter, Jugendpfleger, Kernphysiker, Kindergärtnerin, Kinderkrankenschwester, Kinderpflegerin, Kosmetiker, Krankengymnast, Krankenpflegehelfer, Krankenpfleger, Krankenschwester, Kunsterzieher, Kunsthistoriker, Lebensmittelchemiker, Lehrer in der Erwachsenenbildung, Masseur, medizinisch-technische Assistentin (MTA), medizinischer Bademeister, Meteorologe, Museumswärter, Notar, Ozeanograph, pädagogischer Assistent, Philologe, Philosoph, Physiklaborant, physiologischer Chemiker, Politologe, Psychotherapeut, Religionswissenschaftler, Schriftsteller, Sekretärin, Sonderschullehrer, Sozialwissenschaftler, Theologe, Tierarzt, Tierpräparator, veterinärmedizinische Assistentin, Zahnarzt, Zahnarzthelferin, Zoologe, Zukunftsforscher.

Test:

WIE »FISCHEHAFT« SIND SIE EIGENTLICH?

Mit Hilfe des folgenden Tests können Sie in Erfahrung bringen, wie typisch Sie für Ihr Tierkreiszeichen sind. Gehen Sie dabei so vor: Kreuzen Sie die Zahl an, wenn Sie die jeweilige Frage mit Ja beantworten. Falls Sie also gern Testfahrer wären, würden Sie die Zahl 1 ankreuzen. Wenn nicht, würden Sie dies nicht tun.

	+		–
Wären Sie gern Testfahrer?		1	
Arbeiten Sie gern nach eigenem Rhythmus?	+	2	
Halten Sie sich eher an den Grundsatz »Lieber zweimal fragen als einmal etwas falsch machen«?		3	–
Sind Sie gern unter Menschen?		4	
Möchten Sie in einem Restaurant die Gäste empfangen und an den Tisch begleiten?		5	
Sagen Sie gern anderen, was sie tun sollen?		6	
Würden Sie gern allein in einer Wetterstation arbeiten?	+	7	
Möchten Sie mit schwierigen Kindern und Jugendlichen Gespräche führen?		8	
Möchten Sie gern schwerkranke Menschen betreuen?		9	
Ist es Ihnen egal, was Sie arbeiten, Hauptsache, das Geld stimmt?		10	
Möchten Sie Nachrichtensprecher beim Fernsehen sein?		11	
Können Sie gut warten?		12	
Ist Ihnen Harmonie wichtig?		13	
Möchten Sie als Animateur andere Menschen unterhalten?		14	
Stehen Sie gern in der Öffentlichkeit?		15	
Möchten Sie Falschparkern einen Strafzettel geben?		16	
Möchten Sie Post durch die Frankiermaschine laufen lassen?		17	
Möchten Sie mit Menschen vertrauliche Gespräche führen?	+	18	
Unterhalten Sie andere Leute gern?		19	
Möchten Sie als Mediziner an toten menschlichen Körpern experimentieren?		20	
Könnten Sie von der Hand in den Mund leben?		21	
Interessieren Sie sich für Äußerlichkeiten?		22	

	+		–
Mögen Sie Liebesfilme?	+	23	
Führen Sie gern technische Berechnungen durch?		24	
Wären Sie gern ein Entdeckungsreisender oder ein Forscher?		25	
Können Sie sich leicht umstellen?		26	
Möchten Sie auf einer Bühne stehen?		27	
Möchten Sie Wunden verbinden?		28	
Können Sie leicht Noten verteilen?		29	
Möchten Sie gern Kinder betreuen?		30	
Halten Sie Gefühle für wichtiger als den Verstand?	+	31	
Können Sie leicht aus sich herausgehen?		32	
Liegt Ihnen das Wohlergehen anderer am Herzen?	+	33	
Sind Sie gern Gastgeber?		34	
Betreuen Sie gern Kranke?	+	35	
Sind Sie gern Lehrer?		36	
Möchten Sie bei Katastropheneinsätzen mithelfen?		37	
Gehen Sie gern und häufig aus?		38	
Möchten Sie Menschen beraten?		39	
Möchten Sie Schaufenster dekorieren?		40	
Möchten Sie gefährliche Chemikalien transportieren?		41	
Denken Sie gern über das Leben nach?	+	42	
Treiben Sie gern Sport?		43	
Möchten Sie ein Buch über menschliche Sexualität schreiben oder verlegen?		44	
Würden Sie gern Astronaut sein?		45	
Schließen Sie leicht Kontakt?		46	–
Möchten Sie gern Reporter sein?		47	
Übernehmen Sie gern Verantwortung?		48	
Würden Sie gern Fotomodell sein?		49	
Können Sie leicht bei einer Sache bleiben?		50	

344
Summe: 43
387

Auswertung

Schreiben Sie immer dann ein Plus (+) links neben die Zahl, wenn Sie die Nummern **2, 7, 8, 9, 12, 18, 21, 23, 26, 28, 31, 33, 35, 42, 45** angekreuzt haben (maximal fünfzehnmal ein Plus).

Saturn nimmt Maß und setzt Grenzen

Tragen Sie immer ein Minus (–) neben der Zahl ein, wenn Sie die Nummern **3, 5, 6, 14, 15, 19, 22, 29, 38, 46** angekreuzt haben (maximal zehnmal ein Minus).
Ziehen Sie die Anzahl der Minus- von der Anzahl der Pluszeichen ab. Die Differenz ist Ihr Testergebnis.

Interpretation

Ihr Testergebnis beträgt 6 oder mehr Punkte: Sie sind eine hundertprozentige Fischepersönlichkeit. Alles, was in diesem Buch über die Natur Ihres Tierkreiszeichens geschrieben steht, trifft mehr oder weniger auf Sie zu. Sie sind sozial, gefühlvoll, einsichtig, mitfühlend, freiheitsliebend und tiefgründig, Sie sind aber auch ein Einzelgänger. Vor allem sind Sie ein mystischer Mensch, der allem Vordergründigen, Seichten und Oberflächlichen grundsätzlich skeptisch gegenübersteht.

Ihr Testergebnis liegt zwischen 2 und 5 Punkten: Bei Ihnen ist das Fischenaturell gedämpft. Wahrscheinlich haben Sie einen Aszendenten, der die Qualität Ihrer Fischepersönlichkeit in eine andere Richtung lenkt. Oder Ihr Mond hat diese Wirkung. Für Sie ist es daher interessant, die Stellung Ihres Mondes und Ihren Aszendenten im zweiten Teil dieses Buches kennenzulernen. Es kann aber auch sein, daß Sie durch frühere Erfahrungen dazu veranlaßt wurden, Ihr Fischenaturell abzulehnen. Dann ist es besonders wichtig, daß Sie sich damit wieder anfreunden und es mehr zulassen.

Ihr Testergebnis beträgt weniger als 2 Punkte: Sie sind eine untypische Fischepersönlichkeit. Wahrscheinlich haben Sie einen Aszendenten, der sich völlig anders als das Fischeprinzip deuten läßt, oder Ihr Mond steht in einem solchen Zeichen. Es wird sehr spannend für Sie sein, dies im zweiten Teil des Buches herauszufinden. Sie haben es aber im Laufe Ihres Lebens womöglich auch für nötig befunden, Ihre Fischeseite abzulehnen und zu verdrängen. Es ist daher Ihre Aufgabe, sich mit diesem Teil Ihrer Persönlichkeit wieder anzufreunden: Sie sind zu einem großen Teil ein »Geschöpf des Wassers«, das seine Erfüllung im Erfühlen und Erfüllen findet und durch praktische wie geistige Hilfe über sich selbst hinauswächst.

Teil II IHRE INDIVIDUALITÄT

Der Aszendent und die Stellung von Mond, Venus & Co. –

VORBEMERKUNG

In Teil I wurde erläutert, warum die Fische Ihr »Sternzeichen« sind, nämlich weil die Sonne zum Zeitpunkt Ihrer Geburt in diesem Abschnitt des Tierkreises stand. Nun gibt es in unserem Sonnensystem bekanntlich noch andere Himmelskörper, von denen der Erdtrabant Mond und die Planeten für die Astrologie bedeutsam sind. Sie alle haben ebenfalls entsprechend ihrer Stellung bei einer Geburt eine spezifische Aussagekraft. Obendrein spielen auch noch der Aszendent, die astrologischen Häuser und weitere Faktoren eine Rolle. Alles zusammen ergibt ein Horoskop.

Dieses Wort hat seine Wurzeln im Griechischen und heißt soviel wie »Stundenschau«, weil ein Horoskop auf die Geburtsstunde (eigentlich Geburtsminute) genau erstellt wird. Es ist also eine – in Zeichen und Symbole übersetzte – Aufnahme der astrologischen Gestirnskonstellationen zum Zeitpunkt einer Geburt. Es spiegelt die vollständige Persönlichkeit eines Menschen wider.

Im folgenden werden die neben der Sonne wichtigsten Größen eines Horoskops gedeutet: Aszendent, Mond, Venus, Jupiter und in Teil III schließlich Uranus. Sie können mit Hilfe des Geburtstags und der Geburtszeit ihre Position im Tierkreis ermitteln und dann die jeweilige Bedeutung kennenlernen. Die Interpretation dieser Horoskopfaktoren ist manchmal vom Sonnenzeichen des oder der Betreffenden abhängig, im großen und ganzen jedoch nicht. Wenn Sie also zum Beispiel ein Stier wären, dessen Mond im Widder stünde, müßte diese Mondstellung genauso gedeutet werden, wie wenn Sie vom Sonnenzeichen her eine Waage- oder eine Löwepersönlichkeit wären. Entsprechend finden Sie in den verschiedenen Bänden dieser Buchreihe in der jeweiligen Beschreibung des Aszendenten-, Mond-, Venus-, Jupiter- und Uranuszeichens die gleichen Aussagen.

Auf der anderen Seite ist es wichtig, zu verstehen, daß die Interpretation einer einzelnen Größe wie zum Beispiel Aszendent, Mond oder Sonne immer nur einen bestimmten Aspekt wiedergibt, der eventuell widersprüchlich zu dem sein kann, was über einen anderen Faktor gesagt ist. Die Kunst der Astrologie beruht aber gerade darauf, Verschiedenes,

eventuell sogar Sich-Widersprechendes miteinander zu verbinden bzw. gemäß der eigenen Intuition und Erfahrung zu gewichten.
In diesem Buch befinden sich nur die Tabellen zur Berechnung des Aszendenten, der Mond-, der Venus- und der Jupiterstellung für Ihr Tierkreiszeichen.

DER ASZENDENT

Von Ihrem Sonnenzeichen her sind Sie ein Fischegeborener, dies ist aber wie gesagt nur *ein* Aspekt Ihrer Persönlichkeit. Die Astrologie kennt noch viele andere, wovon der Aszendent der wichtigste ist.
Für die Bestimmung des Aszendenten muß man allerdings die genaue Geburtszeit kennen. Sie ist erfahrbar, weil sie auf dem Standesamt des Geburtsorts festgehalten wird. Wenn Sie also die Zeit, zu der Sie das Licht der Welt erblickt haben, nicht kennen, haben Sie die Möglichkeit, dort anzufragen und um Auskunft zu bitten.
Als ich seinerzeit damit begann, Horoskope zu erstellen, war ich sehr erstaunt darüber, daß die Geburtszeit neben dem Geburtstag in den Büchern der Standesämter festgehalten wird. Der Geburtstag dient dem Staat neben anderen Angaben zur eindeutigen Identifizierung einer Person. Aber welchen Zweck erfüllt für die Bürokratie die Geburtszeit? Für mich liegt darin auch heute noch kein größerer Nutzen als dieser: Durch die schriftliche Fixierung der Geburtszeit liefern die Behörden der Astrologie die wichtigste Berechnungsgrundlage und ermöglichen so jedem Menschen einen Blick auf den ganz persönlichen, einzigartigen Anfang seines Lebens.
Der Aszendent symbolisiert Ihre individuelle Note. Das Sonnen- oder Tierkreiszeichen haben Sie ja gemeinsam mit allen Menschen, die wie Sie zwischen dem 20. Februar und dem 20. März geboren sind. Der Aszendent jedoch ergibt sich aus Ihrer ganz persönlichen Geburtszeit. Was ist denn nun der Aszendent? Bekanntlich dreht sich die Erde in zirka 24 Stunden um ihre eigene Achse. Von der Erde aus gesehen, beschreibt die Sonne dabei aber einen Kreis um unseren Planeten. Dieser Kreis wird – ebenso wie beim scheinbaren Kreislauf der Sonne um die Erde innerhalb eines Jahres – in zwölf Abschnitte unterteilt: die zwölf Zeichen des Tierkreises. Entsprechend steigt am östlichen Horizont etwa alle zwei Stunden ein neues Tierkreiszeichen auf. Dasjenige,

das zum Zeitpunkt Ihrer Geburt gerade dort aufging, nennt man »Aszendent« (dieser Begriff ist abgeleitet vom lateinischen Wort *ascendere* = »aufsteigen«).
Die Deutung des Aszendenten ist auch dementsprechend, denn zunächst einmal wollen Ihre Anlagen (repräsentiert durch den Aszendenten) das gleiche wie das Tierkreiszeichen am Himmel, nämlich »aufgehen«. Wenn Sie also Aszendent Widder »sind«, dann strebt die durch dieses Zeichen symbolisierte Kraft danach, in Ihrem Leben aufzugehen und stärker zu werden. Sind Sie Aszendent Fische, dann versuchen sich Fischekräfte in Ihrem Leben bemerkbar zu machen. Man kann auch sagen, daß Ihr Aszendent mit zunehmendem Alter immer stärker wird. Manchmal ergänzen sich Aszendent und Tierkreiszeichen, zuweilen sind sie völlig entgegengesetzt. Entsprechend fällt es einem leichter oder schwerer, seinen Aszendenten zusammen mit seinem »Stern-« bzw. Sonnenzeichen in sein Leben zu integrieren.

DIE ERMITTLUNG DES ASZENDENTEN

A Suchen Sie in Tabelle 1 Ihren Geburtstag, und tragen Sie die zugehörige Zahl in Feld 1 auf S. 77 ein
(zum Beispiel: 10. März ergibt 153).

B Multiplizieren Sie Ihre Geburtsstunde mit der Zahl 15
(0.00 Uhr ergibt 0; 10.00 Uhr ergibt 150; und 23.00 Uhr ergibt 345).
Tragen Sie die gefundene Zahl in Feld 2 auf Seite 77 ein.

C Teilen Sie Ihre Geburtsminute durch die Zahl 4
(0 Minuten ergibt 0; 10 Minuten ergibt 2,5; 40 Minuten ergibt 10).
Tragen Sie die gefundene Zahl in Feld 3 auf Seite 77 ein.

15·11 30:4=7,5
15 28
165 20

Tabelle 1

19. Februar	135
20. Februar	136
21. Februar	137
22. Februar	138
23. Februar	139
24. Februar	140
25. Februar	141
26. Februar	142
27. Februar	143
28. Februar	144
(29. Februar)	(144)
1. März	145
2. März	146
3. März	147
4. März	148
5./6. März	149
7. März	150
8. März	151
9. März	152
10. März	153
11. März	154
12. März	155
13. März	156
14. März	157
15. März	158
16. März	159
17. März	160
18. März	161
19. März	162
20. März	163
21. März	164

D Suchen Sie in der Landkarte den Abschnitt, in dem Ihr Geburtsort liegt, und tragen Sie die Ortszahl in Feld 4 auf Seite 77 ein (München ergibt 12, Berlin ergibt 13).

E Bilden Sie die Zwischensumme 1 aus Feld 1 bis 4.

F War bei Ihrer Geburt Sommerzeit? Dann muß die Zahl 15 abgezogen werden. Die Sommerzeiten in Deutschland, Österreich und der Schweiz finden Sie in der folgenden Tabelle auf Seite 75 bzw. 76.

G Bilden Sie Zwischensumme 2. Ergibt sich eine Zahl von über 360, dann muß die Zahl 360 abgezogen werden.

H Bilden Sie die Summe 3.

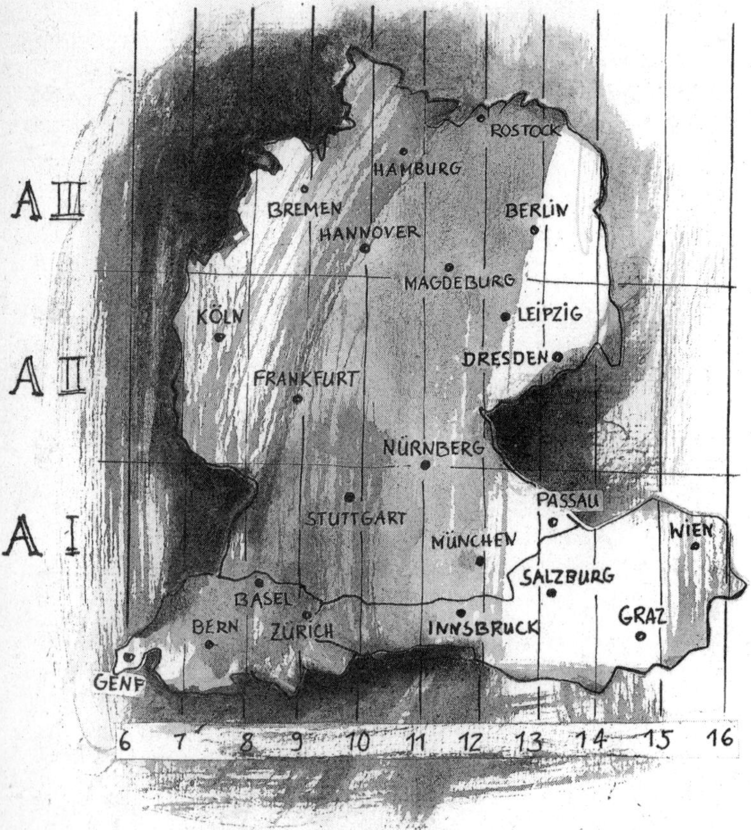
A III
A II
A I
ROSTOCK
HAMBURG
BREMEN
BERLIN
HANNOVER
MAGDEBURG
KÖLN
LEIPZIG
DRESDEN
FRANKFURT
NÜRNBERG
PASSAU
STUTTGART
WIEN
MÜNCHEN
SALZBURG
BASEL
BERN
ZÜRICH
INNSBRUCK
GRAZ
GENF
6
7
8
9
10
11
12
13
14
15
16

Sommerzeiten in Deutschland und Österreich

1940	1. April bis 31. Dezember
1941	1. Januar bis 31. Dezember
1942	1. Januar bis 1. November
1943	29. März bis 3. Oktober
1944	3. April bis 1. Oktober
1945	2. April bis 15. Oktober[1]
1946	14. April bis 7. Oktober
1947	6. April bis 5. Oktober[2]
1948	18. April bis 2. Oktober
1949	10. April bis 1. Oktober (D/sowj. bes. Zone bis 18. November)
1980	6. April bis 27. September
1981	29. März bis 26. September
1982	28. März bis 25. September
1983	27. März bis 24. September
1984	25. März bis 29. September
1985	31. März bis 28. September
1986	30. März bis 27. September
1987	29. März bis 26. September
1988	27. März bis 24. September
1989	26. März bis 23. September
1990	25. März bis 29. September
1991	31. März bis 28. September
1992	29. März bis 26. September
1993	28. März bis 25. September
1994	27. März bis 24. September
1995	26. März bis 23. September
1996	31. März bis 26. Oktober
1997	30. März bis 25. Oktober
1998	29. März bis 24. Oktober
1999	28. März bis 30. Oktober
2000	26. März bis 28. Oktober
2001	25. März bis 27. Oktober

[1] Im sowjetisch besetzten Gebiet Deutschlands vom 24. Mai bis 24. September doppelte Sommerzeit (mitteleuropäische Zeit minus 2 Stunden). Wenn Sie davon betroffen sind, sollten Sie sich ein professionell erstelltes Horoskop anfertigen lassen (siehe Info am Ende dieses Buches).

[2] 1947: doppelte Sommerzeit. Siehe Anm. 1.

Sommerzeiten in der Schweiz

1941	5. Mai bis 6. Oktober
1942	4. Mai bis 5. Oktober

Ab **1981** wie Deutschland und Österreich

Bestimmen Sie in Tabelle 2 Ihren Aszendenten. Dabei müssen Sie noch unterscheiden, ob Ihr Geburtsort in Abschnitt AI, AII oder AIII der Landkarte liegt.

Tabelle 2

AI	AII	AIII	Aszendent
270–280	270–279	270–278	Widder
281–284	280–283	279–282	Widder/Stier
285–297	284–295	283–291	Stier
298–303	296–301	292–299	Stier/Zwillinge
304–321	302–319	300–313	Zwillinge
322–330	320–328	314–325	Zwillinge/Krebs
331–355	329–353	326–348	Krebs
356–7	354–5	349–3	Krebs/Löwe
8–35	6–34	4–31	Löwe
36– 48	35–47	32–46	Löwe/Jungfrau
49–77	48–76	47–75	Jungfrau
78–89	77–89	76–89	Jungfrau/Waage
90–117	90–118	90–119	Waage
118–130	119–131	120–132	Waage/Skorpion
131–158	132–160	133–164	Skorpion
159–171	161–173	165–175	Skorpion/Schütze
172–197	174–200	176–204	Schütze
198–208	201–210	205–213	Schütze/Steinbock
209–228	211–230	214–235	Steinbock
229–235	231–237	236–239	Steinbock/Wassermann
236–249	238–251	240–254	Wassermann
250–254	252–255	255–256	Wassermann/Fische
255–265	256–266	257–266	Fische
266–269	267–269	267–269	Fische/Widder

Wenn Ihr Aszendent auf ein doppeltes Zeichen (zum Beispiel Widder/Stier) fällt, ist es ratsam, sich Ihren Aszendenten genau bestimmen zu lassen (siehe Info am Schluß des Buches).

Beispiel: Helga Mustermann, geb. am 5.3.1953 um 9.00 Uhr in Salzburg

A	Feld 1	Ihr Geburtsdatum ergibt die Tageszahl	149	
B	Feld 2	Ihre Geburtsstunde ergibt die Stundenzahl	135	(9 mal 15)
C	Feld 3	Ihre Geburtsminute ergibt die Minutenzahl	0	(0 durch 4)
D	Feld 4	Ihr Geburtsort ergibt die Ortszahl	13	
E	Zwischensumme 1		297	
F	Sommerzeit (?)	(–15) nein	–	
G	Zwischensumme 2		297	
	Über 360 (?)	(–360) nein	–	
H	**Summe 3**		**297**	

Im Beispiel ist der Aszendent (297 in AI) Stier.

Hier können Sie Ihren Aszendenten berechnen

A	Feld 1	Ihr Geburtsdatum ergibt die Tageszahl	159
B	Feld 2	Ihre Geburtsstunde ergibt die Stundenzahl	165
C	Feld 3	Ihre Geburtsminute ergibt die Minutenzahl	
D	Feld 4	Ihr Geburtsort ergibt die Ortszahl	9
E	Zwischensumme 1		338
F	Sommerzeit (?)	(–15)	
G	Zwischensumme 2		
	Über 360 (?)	(–360)	
H	**Summe 3**		

Mein Aszendent lautet: ____________________

DIE ASZENDENTEN DER FISCHE

Wenn Sie Ihren Aszendenten ermittelt haben, können Sie nun im folgenden etwas darüber erfahren, was er über bestimmte Teilbereiche Ihrer Persönlichkeit aussagt (siehe auch die Vorbemerkung am Beginn von Teil II). Haben Sie ein doppeltes Zeichen errechnet, lesen Sie am besten nach, was über beide geschrieben steht – meistens erkennt man dann schon, welches das wahrscheinlichere ist. Sie können sich aber auch den Aszendenten bzw. ein ganzes Horoskop mit allen Gestirnskonstellationen errechnen lassen (siehe die Info am Ende dieses Buches).

Aszendent WIDDER

Vorteile Direkt, spontan, dynamisch, durchsetzungsstark
Nachteile Ungeduldig, launisch
Aszendentenherrscher Mars

Darüber sollte kein Zweifel bestehen: Sie geben den Ton an, Sie treffen die Entscheidungen – und zwar blitzschnell. Gegenargumente interessieren Sie zunächst einmal herzlich wenig! Manche werden Sie daher gelegentlich »skrupellos« nennen, vielleicht sogar einen »Egoisten« ... Aber was soll man machen? Sie sind nun mal ein temperamentvoller Mensch! Außerdem treten Sie ja niemandem grundlos auf die Füße. Also warum sollten Sie auf Ihre spontane, direkte Art verzichten, nur weil Sie von Schlafmützen umringt sind? Man wird doch wohl noch sagen dürfen, was Sache ist ...! Sie behaupten ja auch nicht, daß Sie mit Ihrem Aszendenten Widder ins diplomatische Korps aufgenommen werden möchten oder eine Beamtenkarriere mit dem Prädikat »gute Führung« anstreben. Dafür sind Sie viel zu temperamentvoll und ungeduldig.
Ihre Qualitäten sind ganz anderer Natur: Überall da, wo Neues entsteht, wo expandiert wird, da haben Sie Ihre große Chance. Sie sind der Ausputzer, und das nicht nur auf dem Fußballfeld. Losstürmen, zupacken, durchgreifen – das können Sie wie kaum ein zweiter.
Obwohl nicht gerade feinfühlig, sind Sie trotzdem sehr beliebt. Im Grunde bleiben Sie ein herrlicher Kindskopf bis ins hohe Alter – sind aber auch mit Achtzig noch unfähig, Ihre Wut und Ungeduld in den Griff zu kriegen.

Aszendenten-Check

Wie ergänzen sich Sonne und Aszendent? Ihr Sonnenzeichen Fische und Ihr Aszendentenzeichen Widder sind widersprüchlich. Das Widderprinzip setzt auf Ichhaftigkeit, das Fischeprinzip auf Ichüberwindung. Sie geraten daher immer wieder in ein Spannungsfeld zwischen beiden Prinzipien. Letztendlich profitiert aber Ihr Leben davon, weil Ihr Tun nicht nur egoistischen Zielen folgt, aber auch nicht weltfremd ist.

Aszendent STIER

Vorteile Solide, sachlich, praktisch, sinnlich
Nachteile Stur, inflexibel
Aszendentenherrscher Venus

Von Ihrer Aszendentenkraft her sind Sie ein Praktiker, der das Leben realistisch und mit Hilfe seiner fünf Sinne betrachtet. Wertvoll ist, was gut klingt, angenehm riecht und schmeckt, schön aussieht und sich anfassen läßt. Außerdem sind Sie hedonistisch, also bis in die Zehenspitzen genußorientiert, dabei aber nie leichtsinnig, flatterhaft oder unzuverlässig. Schnaps ist Schnaps, und Dienst ist Dienst! Und ohne Arbeit keine Kohle und ohne Kohle kein Vergnügen! Manche sehen in Ihnen deswegen nichts anderes als einen schnöden Materialisten, ohne zu erkennen, was Sie wirklich sind: Realist nämlich – und praktisch durch und durch, mit beiden Beinen fest auf der Erde.
Was Sie einmal als Ihr Eigentum deklariert haben, lassen Sie sich nur ungern wieder nehmen. Doch Sie sind kein knausriger Mensch; Sie sind durchaus bereit zu teilen, aber niemand darf Sie drängen!
Wenn Sie lieben, würden Sie sogar Ihr letztes Hemd verschenken. In derart rosaroter Stimmung wird aus Ihnen ein Philosoph, der nächtelang über Gott und die Welt räsoniert und sich vom wortkargen und nüchternen Pragmatiker zum redegewandten Charmeur mausert. Ihr Partner darf alles, bloß kein Asket sein – genausowenig aber auch kein lockeres Vögelchen, das Ihr geliebtes Geld zum Fenster rauswirft.

Aszendenten-Check

Wie ergänzen sich Sonne und Aszendent? Ihr Sonnenzeichen Fische und Ihr Aszendentenzeichen Stier ergänzen sich bestens: Sie sind einerseits ein praktischer Mensch, der sein Augenmerk auf die Dinge richtet, die sein Leben sicher machen. Andererseits besitzen Sie ein reiches Gefühlsleben und eine tiefe Intuition. Ihr Lebensweg wird daher immer von praktischer Vernunft und höherer Einsicht geleitet – Voraussetzungen für ein schöpferisches und befriedigendes Dasein.

Wichtig für Sie: Wo steht Venus? Siehe das Kapitel »Das Venushoroskop – Ihre Liebesfähigkeit«!

Aszendent ZWILLINGE

Vorteile Gewandt, beredt, vielfältig, kommunikativ
Nachteile Zerstreut, unsicher
Aszendentenherrscher Merkur

Lässig wie die Rose am Revers tummeln Sie sich durchs Leben, welches Ihnen, solange Sie in guter Verfassung sind, nie eintönig grau, sondern bunt und vielfältig wie der Blick durch ein Kaleidoskop erscheint. Sie beherrschen oft mehrere Sprachen, bestimmt aber einige Dialekte, und könnten ohne weiteres in völlig unterschiedlichen Branchen arbeiten oder das Management führen. Je unterschiedlicher die Aufgaben sind, die man Ihnen stellt, um so besser werden Sie. Am bemerkenswertesten sind Ihr Redetalent und Ihre Fähigkeit, Kontakte zu schließen. Aber Sie wollen das Leben in allen Nuancen auskosten, sind ungeheuer neugierig und möchten möglichst viele Menschen kennenlernen, und dafür muß man eben reden, reden, reden ...
Dogmen, starre Regeln, die Zehn Gebote oder der »Bart des Propheten« lassen Ihnen einen Schauer über den Rücken laufen. Denn Ihrer tiefsten Überzeugung nach hält sich das Leben auch nicht an feste Vorgaben und überkommene Vorstellungen, sondern gleicht eher einer schillernden Seifenblase, einem Glasperlenspiel oder einer Komödie mit ständig wechselnden Rollen.
Es gibt allerdings auch noch eine andere Seite bei Ihnen, der Sie weit weniger Aufmerksamkeit schenken, eine tiefe, hinterfragende, bohrende, verurteilende. Sie spielt Ihren Schatten, dämpft zuweilen Ihren Esprit, zieht Sie sogar manchmal völlig in den Keller.
Freiheit und Unabhängigkeit stehen in Ihrer persönlichen Werteskala an der Spitze, weshalb Sie auch regelmäßig Probleme in festen Beziehungen bekommen.

Aszendenten-Check
Wie ergänzen sich Sonne und Aszendent? Ihr Sonnenzeichen Fische und Ihr Aszendentenzeichen Zwillinge sind schwer unter einen Hut zu bringen. Um es ganz einfach zu sagen: Der »Fischeteil« will Qualität, der »Zwillingeteil« Quantität. Das kann sehr anregend, aber auch wahnsinnig nervenaufreibend sein.

Aszendent KREBS

Vorteile Gefühlvoll, häuslich, sensibel, fürsorglich
Nachteile Launisch, abhängig
Aszendentenherrscher Mond

Sie sind ein bißchen rätselhaft und verlieren sich am liebsten in Ihrer eigenen oder anderer Leute Psyche. »Seelentaucher« könnte man Sie nennen ... Das Leibliche kommt deswegen aber noch lange nicht zu kurz. Sie sind ein Meister der Küche und würden sich, wenn Sie es drauf anlegten, allemal jede Menge »Kochlöffel« oder »-mützen« verdienen. Aber Sie sind auch scheu. Sie drängen nicht ins Rampenlicht. Über Ihre göttlichen Talente im Bett kann man nur munkeln. Wie kaum jemand anderes können Sie kindlich-ausgelassen albern sein. Aber Sie haben auch Ihre Launen. Wer die verstehen will, studiere zuerst Freuds Psychoanalyse, dann Dantes *Göttliche Komödie* und zum Schluß die hohe Kunst der Zen-Meditation.
In guten Zeiten sind Sie nämlich fröhlich, mit glänzenden Augen, extravertiert. Zwei Tage später vielleicht sind Sie wie verwandelt, stumm, scheu, abwesend, in sich gekehrt und zu wie eine Auster! Rätselhaft! Ein Mensch mit zwei Gesichtern! Und das alles, weil Sie wie kein anderes Tierkreiszeichen vom Mond abhängig sind. Beobachten Sie es einmal: Wird seine Sichel größer, wächst auch Ihr Selbstbewußtsein. Zieht sich der Mond zurück, leidet Ihr Nervenkostüm, die Empfindsamkeit wächst, und aus Angst, sich zu verletzen, ziehen Sie sich hinter Ihren Krebspanzer zurück.

Aszendenten-Check
Wie ergänzen sich Sonne und Aszendent? Ihr Sonnenzeichen Fische und Ihr Aszendentenzeichen Krebs ergänzen sich prima, ja unterstützen sich regelrecht. Sie gehören beide dem Wasserelement an, was Ihre see-

lische Kraft verdoppelt. Sie brauchen eine soziale oder künstlerische Tätigkeit (oder wenigstens einen entsprechenden Ausgleich), damit Sie Ihr großes Mitgefühl zum Fließen bringen können.

Wichtig für Sie: Wo steht der Mond? Siehe das Kapitel »Das Mondhoroskop - Ihre Gefühle«!

Aszendent LÖWE

Vorteile Selbstbewußt, großzügig, herzlich, schöpferisch
Nachteile Stolz, träge
Aszendentenherrscher Sonne

Sie sind ein ganz besonderer Mensch. Sie gehen, sprechen, lächeln anders – nie unscheinbar, sondern immer mit Ausdruck. Ihr Geschmack ist untrüglich, und weil Sie nur das Echte und Ursprüngliche lieben, ist Ihr Leben ziemlich anspruchsvoll und teuer. Dazu kommt eine ungeheure Vitalität (ja, Sie können auch stinkfaul sein, aber das steht auf einem anderen Blatt).
Zurückhaltung, Bescheidenheit und Schamgefühl kommen in Ihrem Repertoire kaum vor. Sie sagen, was Sie denken, und tun, was Sie wollen – und damit basta! Kein Wunder, daß die anderen den Atem anhalten und Sie offen oder heimlich bewundern.
Gibt es allerdings Spannungen und Widersprüche, geben Sie rasch auf. Sie müssen in solchen Situationen verstehen, daß andere einen gewissen Respekt vor Ihnen haben: Sie werden es nicht so leicht wagen, Ihnen mit Forderungen oder gar Kritik zu nahe zu treten. Denn viele haben den Eindruck, daß Sie bei allem Humor und Großmut doch ziemlich abweisend sein können. Halten Sie darauf Ihr Augenmerk, machen Sie es anderen leichter, an Sie heranzukommen, damit Sie sich nicht – völlig unabsichtlich – selbst isolieren.
Wen Sie lieben, schließen Sie voll in Ihr Herz, aber sich einem Menschen zu unterwerfen empfinden Sie als Selbstaufgabe und Demütigung.

Aszendenten-Check
Wie ergänzen sich Sonne und Aszendent? Ihr Sonnenzeichen Fische und Ihr Aszendentenzeichen Löwe haben Annäherungsprobleme. Ihr »Fischeteil« sucht Verinnerlichung, macht Sie eher introvertiert. Ihr

Die Sonne ist die wichtigste Kraft in einem Horoskop

»Löweteil« möchte sich ausleben, macht Sie also eher extravertiert. Aus einem anfänglich nervenden »Entweder-Oder« kann mit der Zeit allerdings ein ausgeglichenes »Sowohl-Als-auch« werden.

Aszendent JUNGFRAU

Vorteile Zuverlässig, ehrlich, sachlich, beschwingt
Nachteile Pessimistisch, kritisch
Aszendentenherrscher Merkur

Geistig fit und jung zu bleiben ist Ihnen sehr wichtig ... genauso wichtig wie ein ordentlicher Gefühlshaushalt. Von Verdrängungen und unausgesprochenen Emotionen halten Sie nämlich nichts – Sie wollen sich mit Ihren Gefühlen auseinandersetzen, darüber reden, um sich ein reines, unbeschwertes Wesen zu erhalten. Sie wissen, Sie schlafen dann besser. So lernen Sie von Kind auf, Ihre Wünsche allmählich in den Griff zu kriegen, wenn nötig, aufzuschieben, bis die Gelegenheit günstiger ist. Oder Sie streichen sie nach dem Motto »Was ich nicht weiß, macht mich nicht heiß« ganz von Ihrer Liste: eine äußerst pragmatische Einstellung.
Diese Vernunft, gepaart mit einer gewissen Nüchternheit, äußert sich auch bei anderen Gelegenheiten: In der Liebe zum Beispiel lodern die Flammen der Leidenschaft zwar durchaus heftig, aber Sie suchen auch ruhigere Freuden wie Freundschaft, Zuneigung, Zärtlichkeit, Fürsorge und Treue.
Anderen gegenüber sind Sie sehr kritisch. Als Entschuldigung läßt sich nur anführen, daß Sie mit sich selbst noch härter umspringen.

Aszendenten-Check
Wie ergänzen sich Sonne und Aszendent? Ihr Sonnenzeichen Fische und Ihr Aszendentenzeichen Jungfrau sind sehr verschieden, was zu Spannungen führen kann. Aber Probleme machen nicht nur zu schaffen, sondern sie bringen auch weiter – und das ist Ihnen um so wichtiger, je älter Sie werden. Am schwierigsten ist es allerdings, die Kluft zwischen Ihren Ideen und Träumen einerseits und der praktischen Alltagsrealität andererseits unter einen Hut zu bringen.

Aszendent WAAGE

Vorteile Anmutig, charmant, stilvoll, neutral
Nachteile Abhängig, unecht
Aszendentenherrscher Venus

Mit Ihrer entgegenkommenden, freundlichen Art gelingt es Ihnen schnell, Kontakt zu anderen zu finden, und Sie wissen sofort, was Ihre Mitmenschen möchten. Bei Ihnen selbst blicken Sie allerdings weniger gut durch. Spontane Entscheidungen fallen Ihnen besonders schwer. Sie müssen alles genau abwägen, und häufig entscheiden dann andere für Sie.
Das ist auch in Partnerschaften der Fall. Wenn Sie am Anfang einer Liebe stehen, mag das noch angehen, aber auch dann, wenn eine Beziehung zu Ende geht, treffen eher Ihre Partner die Entscheidung, obwohl Sie in Wirklichkeit längst mit dem Gedanken einer Trennung gespielt haben.
Kreativität ist Ihnen angeboren. Sie haben Geschmack, Stil und tolle Einfälle. Der Nachteil: Alltagsroutine fällt Ihnen schwer. Am liebsten würden Sie immer nur schwelgen, lieben, die Welt verschönern ... Und zwar nicht nur äußerlich, sondern auch atmosphärisch. Sie sind bemüht, harte Kontraste und kantige Widersprüche in Ihrer Umgebung nach Möglichkeit zu vermeiden. Unter Freunden, in einer Partnerschaft oder Familie genauso wie in einem Arbeitsteam sorgen Sie für eine angenehme, heitere und entspannte Atmosphäre.
Das ist großartig, wenn es darum geht, Konflikte zu vermeiden oder Streithansel zu versöhnen. Aber es kann auch des Guten zuviel werden, nämlich dann, wenn Sie Unstimmigkeiten grundsätzlich aus dem Weg gehen. Lernen Sie, daß ein gewisses Maß an Streit und Auseinandersetzungen zu einem erfüllten Leben gehören!

Aszendenten-Check
Wie ergänzen sich Sonne und Aszendent? Ihr Sonnenzeichen Fische und Ihr Aszendentenzeichen Waage machen Sie zu einem fürsorglichen und liebevollen Menschen. Sie müssen lernen, auch einmal etwas zu verlangen, dann werden Sie glücklich und erfolgreich sein.

Wichtig für Sie: Wo steht Venus? Siehe das Kapitel »Das Venushoroskop – Ihre Liebesfähigkeit«!

Aszendent SKORPION

Vorteile Furchtlos, unergründlich, leidenschaftlich
Nachteile Mißtrauisch, starr
Aszendentenherrscher Pluto

Nach außen hin pflegen Sie den Kult des geheimnisvollen Unbekannten: Keiner soll wissen, wie's in Ihrem Inneren aussieht. Sie selbst allerdings lesen in anderen wie in einem offenen Buch: Sie haben den Röntgenblick und einen »körpereigenen Lügendetektor« noch dazu. Gnadenlos decken Sie auf, wo immer mit gezinkten Karten gespielt wird, und legen, wenn's sein muß, den Finger genau in die offene Wunde. Stets sind Sie auf der Suche nach dem Echten und Wahren und weisen alles Künstliche und Oberflächliche kompromißlos ab.
Allerdings gibt es bekanntlich immer mehrere Wahrheiten – und hier beginnt das Problem: Sie neigen nämlich dazu, Ihre Meinung (oder diejenige, der Sie sich angeschlossen haben) zur alleinseligmachenden zu erklären. Sie müssen lernen, von einseitigen Vorstellungen loszukommen.
Ihr Lebensstil wird weniger von äußerlicher Bequemlichkeit geprägt als von Entschlossenheit und Konsequenz. Sie brauchen daher Herausforderungen. Es ist sogar so, daß Sie um so mehr leisten, je größer Ihre Aufgaben sind.

Aszendenten-Check

Wie ergänzen sich Sonne und Aszendent? Sie sind ein Mensch »mit doppeltem Wasser« – denn sowohl Fische als auch Skorpion gehören dem Wasserelement an. Das kann bei der Bewältigung ganz praktischer Dinge zu Problemen führen – was Sie sich einfach zugestehen müssen. Dafür sind Sie ungeheuer sensibel, einfühlsam, fürsorglich und allem Seelischen gegenüber sehr aufgeschlossen. Versuchen Sie, einen Weg zu finden, auf dem Sie Ihr großes Mitgefühl und Ihre schöpferischen Talente einbringen können.

Aszendent SCHÜTZE

Vorteile Optimistisch, aufgeschlossen, mitreißend, jovial
Nachteile Unrealistisch, leichtgläubig
Aszendentenherrscher Jupiter

Ihr Leben ist eine fortwährende Suche nach Abwechslung und Überraschung, Änderung und Verwandlung: Es gibt für Sie keine größere Horrorvorstellung als die Aussicht, daß alles so bleibt, wie es ist. Als Maßnahme gegen die Langeweile stürzen Sie sich ins Abenteuer, treiben exzessiven Sport, fahren schnelle Autos und verbringen Ihren Urlaub abseits jeder touristischen Trampelroute. Streß und Improvisation sind die Motoren, die Sie antreiben und zu Höchstleistungen trimmen. Karriere machen Sie daher bestimmt nicht dort, wo Routine das wichtigste ist.
Parallel zu draußen ist auch drinnen Action angesagt: Sie kennen die Macht der Phantasie und zaubern daraus wie aus einer magischen Wundertüte immer wieder etwas Neues, Buntes hervor.
Ihr Auftreten ist dynamisch. Ausstrahlung braucht der erfolgreiche Mensch, Faszination, Charisma, Sex-Appeal! Und Sie strotzen von alledem! Wer es sich grundlegend mit Ihnen verderben will, braucht nur die Unwahrheit zu sagen. Lügen verachten Sie. Man darf von Ihnen auch nicht erwarten, daß Sie Ihre aufrichtige Meinung verbergen. Sie sagen, was Sie denken, und verärgern damit oft andere.

Aszendenten-Check
Wie ergänzen sich Sonne und Aszendent? Sie haben beides, Inspiration und Intuition. Damit sind Sie ein äußerst vielseitiger Mensch. Stark entwickelt bei Ihnen ist auch der Wunsch, anderen zu helfen. Sie müssen sogar aufpassen, daß dieser Wunsch nicht überhandnimmt und Sie einem »Helfersyndrom« erliegen. Auch Ihre Ruhelosigkeit kann störend werden.

Wichtig für Sie: Wo steht Jupiter? Siehe das Kapitel »Das Jupiterhoroskop ...«!

Aszendent STEINBOCK

Vorteile Sachlich, objektiv, gerecht, zäh
Nachteile Hart, kalt
Aszendentenherrscher Saturn

Sie sind eine Mensch für den zweiten Blick, nicht besonders auffällig oder selbstbewußt, auch nicht unbedingt umwerfend charmant. Aber Sie sind entschlossen, zäh und willensstark. So wie die richtigen Steinböcke in den Bergen für ein Leben droben unterm Gipfel geschaffen sind, gehören auch Sie hinauf – und werden dort eines Tages landen. Auf jeden Fall haben Sie die richtigen Voraussetzungen für einen Gipfelsturm: Sie sind genügsam, zäh und ausdauernd.
Ihre berufliche Ausgangslage ist also bestens. Sie sind dafür prädestiniert, Verantwortung zu übernehmen, andere zu führen und ihnen ein Vorbild zu sein. Weil Sie die Dinge »von oben herab« betrachten, vertreten Sie ein übergeordnetes Prinzip, das Sie zum Wohle aller einzusetzen in der Lage sind. In der Organisation und Verwaltung leisten Sie Hervorragendes.
Doch alles hat seinen Preis. Weil Sie für einen harten Lebenskampf gerüstet sind, ist Ihr Gefühlsleben entsprechend spärlich. Sie haben in aller Regel schon früh erfahren, daß das mit den Gefühlen so eine Sache ist, daß sie verletzlich und hilflos machen ... Also besser, man zeigt sie nicht. Daraus wurde mit der Zeit eine Gewohnheit.

Aszendenten-Check
Wie ergänzen sich Sonne und Aszendent? Ihr Sonnenzeichen Fische und Ihr Aszendentenzeichen Steinbock ergänzen sich ausgezeichnet. Sie sind realistisch, aber nicht dogmatisch, erdverbunden, aber nicht materialistisch. Sie sind dafür geboren, Verantwortung zu übernehmen, aber Sie werden Ihre Macht nicht mißbrauchen. Etwas unnahbar sind Sie gelegentlich, aber wenn man's weiß, kann man da ja auch bewußt gegensteuern.

Aszendent WASSERMANN

Vorteile Human, frei, unkonventionell, erfinderisch
Nachteile Abgehoben, nervös
Aszendentenherrscher Uranus

Sie haben die richtige Mischung aus kühler Vernunft, exzentrischen Angewohnheiten und schöpferischer Phantasie. Virtuos beherrschen Sie die feinsten gesellschaftlichen Umgangsformen und verachten dennoch jede Regel. Ihr bestbehütetes Gut ist Ihre Unabhängigkeit. Um sie zu retten, opfern Sie auch mal eine sichere, aber sterbenslangweilige Karriere als Beamter oder Angestellter im öffentlichen Dienst. Routine, Arbeit nach Vorschrift und Vorgesetzte, die Ihnen wie Geier aufs Aas auf die Finger starren, bedeuten das Aus für Ihr sprühendes Temperament.
Ihr Charakter zeigt eine gewisse Ähnlichkeit mit »Luft«. So sind Sie vom Wesen her sehr transparent und offenbaren sich leicht anderen Menschen. Und Sie lassen sich auch nur schwer greifen und begreifen und lösen sich wie Luft auf, wenn man Sie einmal wirklich packen möchte. Gefühle und Leidenschaften sind Ihnen vertraut. Aber diese berühren Sie niemals heftig und tief. Daher erfreuen Sie sich auch im Regelfall einer inneren Harmonie und Gelassenheit. Ihr Temperament ist eher fröhlich, heiter – sanguinisch.

Aszendenten-Check
Wie ergänzen sich Sonne und Aszendent? Ihr Sonnenzeichen Fische und Ihr Aszendentenzeichen Wassermann sind verschieden wie Luft (Wassermann) und Wasser (Fische). Zuweilen mischen sich diese Substanzen auf angenehme Weise. Dann fühlen Sie sich leicht und unbeschwert (wie nach einem Gläschen Champagner vielleicht, der ja auch aus »Luft« und »Wasser« besteht). Zu anderen Zeiten sind die beiden Elemente miteinander inkompatibel. Dann leiden Sie (wie ein Fisch an der Luft oder ein Vogel im Wasser). Was Ihnen hilft, ist Kompromißbereitschaft und geistige Aufgeschlossenheit.

Aszendent FISCHE

Vorteile Geheimnisvoll, intuitiv, sensibel, verständnisvoll
Nachteile Unsicher, unrealistisch
Aszendentenherrscher Neptun

Sie sind ein ewiges Rätsel! Naiv wie ein Kind, mysteriös wie eine Sphinx – mal messerscharf denkend, ja fast schon genial, dann wieder völlig abwesend, träumend, zerstreut, unfähig, die einfachsten Dinge auf die Reihe zu bringen. Gewöhnungsbedürftig für alle, die mit Ihnen leben, sind die Phasen, in denen Sie im Chaos versinken, sich gehenlassen und vernachlässigen.
Am erstaunlichsten ist Ihre Intuition – Ihre fast schon übersinnlichen Fähigkeiten: als könnten Sie Gedanken lesen, in die Zukunft blicken und hellsehen. Als Frau sind Sie noch eine Spur mysteriöser, obwohl Sie als Mann natürlich ebenfalls diesen »Faktor X« besitzen, ihn aber lieber vor der Öffentlichkeit verbergen. Auf der anderen Seite lassen Sie auch kaum ein Fettnäpfchen aus: Wenn's darum geht, sich so richtig schön danebenzubenehmen, kann Ihnen keiner das Wasser reichen! Auch das ist ein Grund, warum Sie sich oft so einsam und unverstanden fühlen: »Keiner liebt mich, keiner versteht mich ...« – ist das nicht Ihr Lieblingsvorwurf gegenüber dem Rest der Welt? Irgendwann werden Sie verstehen, warum Sie häufig allein sind: weil Sie so am glücklichsten sind! Das heißt jetzt nicht, daß Sie ins Kloster oder ins Himalajagebirge gehören. Im Gegenteil! Sie sind eine derartig schillernde und reizende Person, daß es nichts Schöneres gibt, als mit Ihnen den ewigen Reigen der Wassernymphen und Faune zu tanzen: locken, sich fangen lassen, entkommen, lachen und davonlaufen ...

Aszendenten-Check
Wie ergänzen sich Sonne und Aszendent? Sie sind eine »doppelte« Fischepersönlichkeit, weil sowohl Ihr Sonnen- als auch Ihr Aszendentenzeichen in den Fischen steht. Für die Bewältigung Ihres Alltags haben Sie mit dermaßen viel Wasser (»Fische« zählt, wie Sie wissen, zum Wasserelement) zuweilen Probleme, was Sie sich einfach zugestehen sollten. Dafür sind Sie unglaublich sensibel, einfühlsam, fürsorglich und allem Psychischen gegenüber sehr aufgeschlossen. Versuchen Sie, einen Weg zu finden, auf dem Sie Ihr großes Mitgefühl und Ihre schöpferischen Anlagen einbringen können.

Das Mondhoroskop – IHRE GEFÜHLE

Im folgenden Kapitel geht es darum, in welchem Zeichen der Mond zum Zeitpunkt Ihrer Geburt stand. Denn der Mond ist in der Astrologie neben der Sonne das bedeutsamste Gestirn.

Mondzeichen

Der Mond

»Au clair de la lune,
mon ami Pierrot,
prête-moi ta plume,
pour écrire un mot.
Ma chandelle est morte,
je n'ai plus du feu.
Ouvre-moi ta porte
pour l'amour de Dieu.«

Im Schein des Mondes,
mein Freund Pierrot,
leih mir deine Feder,
um ein Wort zu schreiben.
Meine Kerze ist aus,
ich habe kein Feuer mehr.
Öffne mir deine Türe
um der Liebe Gottes willen.

Französisches Volkslied

In einem Schöpfungsmythos heißt es, der Mond sei ein Kind der Erde. Ein anderer beschreibt ihn als Teil unseres Planeten, den dieser aus sich herausgerissen und in den Himmel geschleudert habe, um damit Raum für das Wasser der großen Ozeane zu schaffen: Und dieses Wasser brachte der Erde Fruchtbarkeit. Zu letzterer Geschichte würde passen, daß das Volumen des Mondes, großzügig bemessen, etwa so groß ist wie der Raum, den alle Meere zusammen einnehmen. Doch schon die frühesten Analysen von Mondgestein ergaben, daß Mond und Erde wegen des signifikanten Unterschieds der Beschaffenheit eine andere Entstehungsgeschichte haben müssen.
In allen Mythen, Geschichten und Erzählungen über den Mond wird er als weiblich, die Sonne hingegen als männlich gesehen. In den romanischen Sprachen setzt sich diese Tradition im grammatischen Geschlecht fort: So heißen Mond und Sonne beispielsweise im Italienischen *la luna* und *il sole* und im Französischen *la lune* und *le soleil.*
Von einem Vollmond bis zum nächsten verstreichen 28 Tage. Genauso lange dauert der Zyklus einer Frau. Schon dadurch ist die Beziehung zwischen Weiblichkeit und Mond überdeutlich: Die Sonne wird mit dem Männlichen assoziiert, der Mond mit dem Weiblichen.

Sonne	**Mond**
männlich	weiblich
Vater	Mutter
direkt	indirekt
ausstrahlend	empfangend
Verstand	Gefühl
aktiv	passiv
bestimmend	sorgend
logisch	intuitiv

Auch in der Astrologie verkörpert die Sonne zunächst einmal den Mann und der Mond die Frau. Die Frau ist ihrem Mond näher als ihrer Sonne.
Nehmen wir als Beispiel eine Dame mit der Sonne im Widder (also dem Tierkreiszeichen Widder) und dem Mond im Krebs. Sie wird sich nicht richtig verstanden fühlen, wenn sie in einem Astrologiebuch über ihr Tierkreiszeichen Widder liest, sie sei dynamisch, rücksichtslos, spontan, selbstsicher. Erfährt sie jedoch dann, was über den Mond im Krebs geschrieben steht – gefühlvoll, häuslich, anhänglich, fürsorglich –, wird sie sich sofort wiedererkennen. Mit anderen Worten: Eine Frau müßte eigentlich bei ihrem Mondzeichen nachlesen und nicht bei ihrem Sonnen- bzw. Tierkreiszeichen. Die gängige Astrologie ist offenbar stark am Mann orientiert: Ein Sonnen- oder Tierkreiszeichen-Horoskop findet man beinahe in jeder Zeitung, das Mondzeichen-Horoskop hingegen in kaum einer einzigen – was aber natürlich auch daran liegen dürfte, daß das Mondzeichen für den Leser schwieriger als das Sonnenzeichen zu ermitteln ist.
Je eher eine Frau jedoch ihre traditionelle Rolle verändert, nicht mehr nur Mutter und Hausfrau ist, sondern »ihren Mann steht«, um so mehr wird sie auch ihre Sonne leben. Allerdings wäre es jetzt wiederum völlig falsch, ihren Mond unberücksichtigt zu lassen.
Eine bewußte und emanzipierte Frau schöpft idealerweise aus Sonne und Mond: Führungsaufgaben, die von Männern in der Regel hierarchisch-gebieterisch gelöst werden, gehen Frauen meist anders an – sie lassen mehr Nähe (Mond) zu und können ihre Mitarbeiter dadurch viel besser motivieren. Auch bei Entscheidungen sind Frauen, die sowohl Logik (Sonne) als auch Intuition (Mond) zulassen können, Männern – wenn letztere sich denn nur »nach der Sonne richten« – um ein beträchtliches überlegen.
Sind bei einer Tätigkeit die dem Mond zugeschriebenen Eigenschaften beteiligt, fühlt man sich wohl, zu Hause, geborgen, mit sich stimmig. Darüber hinaus gibt es viele Bereiche, in denen mit Gefühl, Intuition, Geschmack, Ahnung, Atmosphäre und Stimmigkeit besser und erfolgreicher gearbeitet werden kann. Man denke nur an Kunst, Politik und das Heilen. Aber auch in der Wirtschaft müssen immer wieder Entscheidungen getroffen werden, bei denen man nichts in der Hand hat als eben ein gutes bzw. ein schlechtes Gefühl.

DIE ERMITTLUNG DES MONDZEICHENS

Um »Ihren persönlichen Mond« zu finden, gehen Sie nach der folgenden Beschreibung vor:

A Entnehmen Sie Ihre Jahres-Monatszahl der *Tabelle 1*:

Jahr*	Feb.	März	Jahr	Feb.	März	Jahr	Feb.	März
1920	91	115	1948	215	236	1976	326	347
1921	241	249	1949	350	358	1977	100	118
1922	1	10	1950	114	121	1978	227	238
1923	128	138	1951	245	256	1979	9	18
1924	263	288	1952	25	46	1980	136	157
1925	51	59	1953	159	168	1981	270	278
1926	172	180	1954	283	291	1982	40	51
1927	299	306	1955	58	69	1983	181	188
1928	76	100	1956	196	214	1984	306	327
1929	221	229	1957	330	339	1985	80	88
1930	341	350	1958	93	101	1986	212	223
1931	109	117	1959	230	241	1987	351	359
1932	248	272	1960	6	26	1988	117	138
1933	31	38	1961	140	149	1989	250	258
1934	152	161	1962	264	272	1990	24	34
1935	280	288	1963	43	53	1991	161	168
1936	60	84	1964	176	196	1992	287	307
1937	200	208	1965	310	319	1993	60	69
1938	322	331	1966	74	83	1994	197	207
1939	90	99	1967	215	225	1995	331	340
1940	232	255	1968	346	6	1996	97	118
1941	10	18	1969	121	129	1997	230	240
1942	133	141	1970	245	255	1998	9	18
1943	262	272	1971	27	36	1999	142	151
1944	43	65	1972	156	176	2000	268	288
1945	180	188	1973	290	298	2001	42	51
1946	303	311	1974	57	66	2002	181	191
1947	73	84	1975	199	207	2003	313	322

B Entnehmen Sie Ihre Tageszahl aus *Tabelle 2*:

Tag	Zahl	Tag	Zahl	Tag	Zahl
1.	0	11.	132	21.	265
2.	13	12.	145	22.	278
3.	26	13.	159	23.	291
4.	40	14.	172	24.	304
5.	53	15.	185	25.	317
6.	66	16.	199	26.	331
7.	79	17.	212	27.	344
8.	92	18.	225	28.	357
9.	105	19.	238	29.	11
10.	119	20.	252	30.	24
				31.	37

C Entnehmen Sie die Stundenzahl aus *Tabelle 3*:

Geboren um	Punkte	Geboren um	Punkte
0–2 Uhr	–6	12–14 Uhr	+1
2–4 Uhr	–5	14–16 Uhr	+2
4–6 Uhr	–4	16–18 Uhr	+3
6–8 Uhr	–3	18–20 Uhr	+4
8–10 Uhr	–2	20–22 Uhr	+5
10–12 Uhr	–1	22–24 Uhr	+6

Ohne Geburtszeit beträgt die Stundenzahl 0.

* Sämtliche Planetentabellen beginnen mit dem Jahr 1920. Das bedeutet jedoch in gar keiner Weise, daß ältere Leser nicht angesprochen werden sollten. Aber irgendwo muß einfach ein Schnitt gezogen werden. Älteren Lesern wird empfohlen, sich ihre Mond-, Venus-, Jupiter- und Uranusposition anhand eines Geburtshoroskops berechnen zu lassen (siehe Info am Ende dieses Buches).

Beispiel: Geburtstag am 5. 3. 1953, -zeit 9.00 Uhr:

A	Jahres-Monatszahl		168
B	Tageszahl		53
C	Stundenzahl		–2
Summe			219
wenn über		360 (–360)	–
Summe total			**219**

Das Mondzeichen lautet Skorpion. Für dieses Beispiel kommt also der Text »Mond im Skorpion« in Frage. Ergibt sich ein doppeltes Mondzeichen (etwa Skorpion/Schütze), können beide Textabschnitte richtig sein.

Hier können Sie Ihren persönlichen Mond bestimmen:

A	Jahres-Monatszahl		256
B	Tageszahl		199
C	Stundenzahl		–1
Summe			455
wenn über		360 (–360)	–1 454 –360
Summe total			94

Die Auswertung:

Total	Mond im Zeichen
9–20	Widder
21–38	Widder/Stier
39–50	Stier
51–68	Stier/Zwillinge
69–80	Zwillinge
81–98	Zwillinge/Krebs
99–110	Krebs
111–128	Krebs/Löwe
129–140	Löwe
141–158	Löwe/Jungfrau
159–170	Jungfrau
171–188	Jungfrau/Waage
189–200	Waage
201–218	Waage/Skorpion
219–230	Skorpion
234–248	Skorpion/Schütze
249–260	Schütze
261–278	Schütze/Steinbock
279–290	Steinbock
291–308	Steinbock/Wasserm.
309–320	Wassermann
321–338	Wassermann/Fische
339–350	Fische
351–8	Fische/Widder

Ihr persönliches Mondzeichen lautet ______________________

DIE MONDZEICHEN DER FISCHE

Wenn Sie Ihr Mondzeichen herausgefunden haben, können Sie nun ähnlich wie beim Aszendenten im folgenden etwas darüber erfahren, was es über Ihre Persönlichkeit aussagt (siehe auch die Vorbemerkung am Beginn von Teil II dieses Buches). Haben Sie ein doppeltes Zeichen ermittelt, lesen Sie wieder am besten nach, was über beide Zeichen geschrieben steht – Sie erkennen dann wie gesagt sicher schon, welches das zutreffendere ist. Im Zweifelsfall können Sie sich aber auch ein genaues Horoskop errechnen lassen (siehe Info am Ende des Buches).

Mond im Widder – FEURIG

Mondstärken Gern etwas unternehmen. Direktheit, Selbständigkeit, Ichhaftigkeit. Suche nach eigenständiger Wirksphäre. Intensives Phantasieleben. Musikalische oder bildnerische Begabung. Unkonventionelle berufliche Wege einschlagen. Ideenträger sein. Erspüren von Macht
Mondschwächen Aggressivität, Spannung

Sie sind ein außergewöhnlich reizender Mensch, wirken jung, unschuldig, unkompliziert, und ein entwaffnender Charme nimmt Ihrem Angriff jeden Stachel. Sie äußern sich sofort, wenn Ihnen etwas nicht paßt. Diplomatie zählt nicht zu Ihren Stärken. Sie geben sich unverstellt und haben Ihr Herz am rechten Fleck. Sie können aber auch, und das erstaunt bei Ihnen, sehr empfindlich sein. Versucht man, Ihre Angriffe zu parieren, reagieren Sie mit so großer Betroffenheit, daß man seine eigene Rage schnell wieder vergißt. Am schlechtesten ertragen Sie, wenn Sie übersehen werden: Ohne Erfolgserlebnisse wandeln Sie sich trotz Ihres feurigen Widdermonds in ein Lamm, das resigniert auf bessere Zeiten wartet.

Ihre Liebesfähigkeit: Wer Sie liebt, lebt im siebten Himmel oder in der zehnten Hölle. Andere Varianten des Daseins gibt es für Sie kaum. Mit Ihnen kann man reisen, jeden Sport treiben und jederzeit ein gemeinsames Geschäft eröffnen. Eine Person, die zu Hause geduldig auf ihren Allerliebsten wartet, sind Sie aber gewiß nicht.

Mond-Check
Wie weiblich macht mich mein Mond? Nicht besonders stark. Widder ist ein sehr männliches Zeichen.
Wie mütterlich macht mich mein Mond? Sie sind der Typ »Kumpel zum Pferdestehlen«, aber kein ausgeprägter Muttertyp.
Wie gefühlvoll macht mich mein Mond? Sie sind sehr feurig. Aber das bedeutet nicht, daß Sie besonders gefühlvoll sind.
Wie intuitiv macht mich mein Mond? Sie haben starke Ahnungen und Wahrträume.

Mond im Stier – ERDIG

Mondstärken Gern leben und genießen. Gefestigtes Gefühlsleben. Naturliebe. Musikalität (besonders Gesang). Sammelleidenschaft. Gutmütigkeit. Häuslichkeit. Geschmack. Praktische Begabung. Fühlen, was Sache ist. »Geld riechen«
Mondschwächen Antriebsarmut. Materialismus

Sie stehen mit beiden Füßen fest auf Mutter Erde, aber nur dort, wo etwas gedeiht. Sie handeln und denken praktisch und verlieren nie den finanziellen Aspekt aus den Augen. Über Geldmangel brauchen Sie jedenfalls nicht zu klagen. Denn wer den Mond im Stier hat, den beschenken auch die Sterne. Zudem sind Sie eine äußerst sinnliche Person. Und mit diesem Potential glänzen Sie nicht nur in der Liebe. Sie können beispielsweise phantastisch kochen.

Ihre Liebesfähigkeit: Eine hervorstechende Eigenschaft ist Ihr Mut. Sie folgen einem Partner in die Antarktis oder heiraten einen Zirkusartisten. Ausgefallenes oder Skurriles weckt Ihr Interesse und nicht selten Ihre Leidenschaft. Sie suchen einen richtigen Partner, weil Sie wissen, daß Sie auch allein leben könnten. Im anderen Lager stehen Sie daher hoch im Kurs. Sie beschwören einerseits den Traum von himmlischer Liebe, entsprechen aber gleichzeitig dem Wunsch nach einem sehr bodenständigen, praktischen Partner. Im Umgang mit Ihnen zählt Respekt. Auf Achtlosigkeit reagieren Sie zunächst höflich, dann kalt, und schließlich schwören Sie Rache – und führen sie aus.

Mond-Check

Wie weiblich macht mich mein Mond? Sie sind sehr weiblich; beinahe so etwas wie der Inbegriff von Weiblichkeit (so Sie eine Frau sind).
Wie mütterlich macht mich mein Mond? Sie haben gern Kinder und Familie.
Wie gefühlvoll macht mich mein Mond? Sie besitzen ein sehr natürliches und selbstverständliches Gefühlsleben.
Wie intuitiv macht mich mein Mond? Sie sind allen Geschöpfen der Natur sehr nah und beziehen aus der Natur Kraft und Intuition.

Mond in den Zwillingen – HEITER

Mondstärken Gern reden und kontaktieren. Vielseitigkeit, Ausdrucksfähigkeit, Kontakt- und Kommunikationsfreude. Schriftstellerische Begabung. Leichten Zugang zum Seelischen. Andere Menschen intuitiv erfassen. Sich gut darstellen können. Andere überzeugen können
Mondschwächen Oberflächlichkeit. Manipulation. Enttäuschungen

Mit Ihrem Zwillingemond sind Sie ein heiterer, fröhlicher Mensch, der sein Gefühlsleben prima im Griff hat. Besondere Talente besitzen Sie darin, andere zu unterhalten und zwischen Menschen zu vermitteln. Sie werden daher gern von solchen aufgesucht, die allein sind. Über Ihre Gefühle zu reden macht Ihnen keinerlei Probleme. Mit Unausgesprochenem, Erfühltem und Erahntem können Sie wenig anfangen. Das hilft Ihnen zwar, einen klaren Kopf zu bewahren. Aber es entgeht Ihnen auch etwas, nämlich die schöne Erfahrung, sich in Zusammenhänge eingebunden zu erleben, die den eigenen Verstand übersteigen. Sich einfach einmal von den Wogen der Gefühle mitreißen zu lassen und sich ihnen hinzugeben, das sollten Sie ausprobieren.

Ihre Liebesfähigkeit: Auch die Liebe nehmen Sie wie Ihr Leben: leicht und bunt und bar aller Ernsthaftigkeit. Einem Schmetterling gleich flattern Sie von einem Höhepunkt zum nächsten und, wenn sich die Gelegenheit ergibt, auch mal von einem Partner zum anderen. Ihre Unabhängigkeit ist Ihnen so wichtig, daß Sie lieber allein leben, als in einer engen Zweierbeziehung zu ertrinken (wie Sie es nennen). Sie brauchen Ihre Freiheit.

Mond-Check

Wie weiblich macht mich mein Mond? Das Zeichen Zwillinge ist ein männliches; entsprechend männlich sind auch Sie.

Wie mütterlich macht mich mein Mond? Sie sind absolut kein »Muttertyp«.

Wie gefühlvoll macht mich mein Mond? Sie haben schwer Zugang zu tiefen Gefühlen.

Wie intuitiv macht mich mein Mond? Sie sind sehr intuitiv und berühren leicht Seelisches.

Mond im Krebs – GEFÜHLVOLL

Mondstärken Gern für andere dasein. Die Umwelt atmosphärisch erfassen. Erlebnistiefe. Seelische Beeindruckbarkeit. Naturverbundenheit. Starke unbewußte Kräfte. Mütterlichkeit. Häuslichkeit. Starkes Innenleben. Einfühlungsgabe. Weibliche Logik. Telepathische Fähigkeiten

Mondschwächen Täuschungen. Sich im Unbegriffenen verstricken. Probleme durch gespannte Mutterbeziehung

Sie können scherzen wie ein übermütiges Kind und die Welt mit glänzenden Augen betrachten. Sie können aber auch stumm, scheu, in sich gekehrt, abwesend und wie von einem unsichtbaren Panzer umgeben erscheinen. Wer den Mond im Krebs hat, verändert sich mit dem Wandel dieses Trabanten. Wird seine Sichel schmäler, ziehen Sie sich zurück. Nähert er sich jedoch seiner vollen, strahlenden Gestalt, wächst auch Ihr Mut. Streß und Druck versetzen Sie in Panik. Sie erledigen dann zwar Ihre Arbeit, aber von Ihrer Genialität bleibt wenig übrig.

Ihre Liebesfähigkeit: Die Liebe beherrschen Sie am vollkommensten. Sie sind anschmiegsam und lieben das Behagliche und auch Beharrliche. Um der Liebe willen würden Sie selbst am Nordpol leben; und auch dort wird es dann fein und kuschelig. Natürlich hat soviel Hingabe ihren Preis: Menschen mit dem Mond im Krebs wollen ihren Partner ganz und immer. Kompromisse gibt es nicht.

Mond-Check
Wie weiblich macht mich mein Mond? Der Krebsmond macht Sie extrem weiblich.
Wie mütterlich macht mich mein Mond? Eigene Kinder und eine Familie, für die Sie sorgen können, gehören zum Wichtigsten in Ihrem Leben.
Wie gefühlvoll macht mich mein Mond? Sie haben ein sehr starkes Gefühlsleben.
Wie intuitiv macht mich mein Mond? Ihre Träume und Ihre Intuition haben große Tiefe. Sie verfügen außerdem über große heilerische Fähigkeiten.

Mond im Löwen – STOLZ

Mondstärken Sich gern darstellen. Selbstvertrauen haben. Verantwortung übernehmen können. Künstlerische Kreativität. Ausdruckskraft. Sich für Schwächere einsetzen. Gerechtigkeitsempfinden. Unternehmungsgeist und Risikofreude. Schauspielerische Talente. Andere positiv motivieren können. Repräsentieren können
Mondschwächen Autoritätsprobleme mit weiblichen Vorgesetzten. Anlage zu Theatralik und Cholerik

Sie zeichnen sich durch einen superben Geschmack und eine untrügliche Nase für das Echte aus, sind vital, schöpferisch, originell, und Sie besitzen ein Herz aus purem Gold. In gewisser Weise ähneln Sie ganz dem Löwen, dem König unter den Tieren; auch in Ihren Adern fließt freies, ja königliches Blut. Die Beziehung zum Feuerelement ist ausgesprochen stark. Feuer, Wärme, Sonne sind Ihr Lebenselixier. Sie müssen daher immer wieder in den Süden, um Hitze aufzutanken.

Ihre Liebesfähigkeit: Wer mit Ihnen lebt, muß über ein Thema erhaben sein: Gleichberechtigung. Eine Frau oder ein Mann mit dem Mond im Löwen führen an und bestimmen den Ton. Dafür besitzt man in Ihnen einen Schatz, eine lächelnde Sonne, einen Menschen, der auf der angenehmen und erfolgreichen Seite des Lebens geht. Da muß Ihr Partner schon diesen Einsatz bringen ...

Mond-Check

Wie weiblich macht mich mein Mond? Löwemond-Menschen sind feurig und stark.

Wie mütterlich macht mich mein Mond? Sie spielen gern Mutter und verwöhnen andere.

Wie gefühlvoll macht mich mein Mond? Sie haben spontane, feurige Gefühle, verlieren sie aber auch schnell wieder.

Wie intuitiv macht mich mein Mond? Licht und Wärme nährt Ihre Intuition und führt zu großer Kreativität und Schöpferkraft.

Mond in der Jungfrau – FRÖHLICH

Mondstärken Gern organisieren, ordnen, ausführen. Fähigkeit zu gewissenhafter Prüfung. Hochentwickelter Sozialgedanke. Gespür für alle Bereiche, die mit Gesundheit zu tun haben. Zugang zu geheimem Wissen. Feines Gespür. Pflichtgefühl. Konzentrationsfähigkeit. Bewußtsein für Ernährung

Mondschwächen Ungelebte Emotionen manifestieren sich als psychosomatische Störungen

Sie sind äußerst anpassungsfähig. Sie stellen sich nur ungern gegen den Wind, »floaten« lieber und richten sich wie ein leichter Segler nach sanften Brisen. Sie drängeln auch nicht nach vorn. Bescheidenheit gehört zu Ihrem Naturell, und gegen jede Art von Hochstapelei sind Sie richtiggehend allergisch.

Ihre Liebesfähigkeit: Sie haben ein ausgesprochen fröhliches Naturell und trachten danach, Ihr eigenes Leben und das Ihres Partners so angenehm wie möglich zu gestalten. Aus allem das Beste zu machen, darin sind Sie sogar ein unübertroffener Meister. Ihre eigene Stimmung ist oft abhängig von der Ihres Partners. Fühlt er sich glücklich, sind Sie es auch. Was Ihre Treue anbelangt, sind Sie das Spiegelbild Ihres Partners: Was er sich leistet, leisten Sie sich auch. Selten brechen Sie als erste(r) aus. Geschieht es dennoch, ist das garantiert ein Zeichen dafür, daß der Energiefluß zwischen Ihnen und Ihrem Partner nicht mehr stimmt.

Mond-Check

Wie weiblich macht mich mein Mond? Eher mädchenhaft als weiblich (und burschikos beim Mann). Jungfrau ist ein weibliches Zeichen, und entsprechend weiblich sind Sie auch selbst.
Wie mütterlich macht mich mein Mond? Sie können die Aufgaben einer Mutter erfüllen, fühlen sich aber eher zu etwas anderem berufen.
Wie gefühlvoll macht mich mein Mond? Gefühlen gegenüber sind Sie eher mißtrauisch.
Wie intuitiv macht mich mein Mond? Die Natur ist Ihre große Lehrmeisterin. Sie können durch Wissen und Ihre heilenden Gaben ein Segen für andere Menschen werden.

Eine besondere Mondphase beim Mond in der Jungfrau: Vollmond

Sie sind in der Vollmondphase (zwei Tage vor bis zwei Tage nach dem Vollmond) geboren und damit ein besonderer Mensch. Denn Sie tragen in sich die lebendige Spannung zwischen Mann und Frau am deutlichsten. Das führt zu einem reichen und faszinierenden Beziehungsleben. Es kann aber auch große Konflikte für Partnerschaft und Liebe bringen.

Schau, der goldene Mond dort:
Er ißt Pomeranzen,
Schalen, die er fortwirft,
auf dem Wasser tanzen.

Spanischer Kinderreim

Mond in der Waage – VERLIEBT

Mondstärken Andere spüren können. Gern unter Leuten sein. Kontaktfreude. Sinn für Ästhetik, Kunst, Schönheit. Verbindend und ausgleichend sein. Gerechtigkeitsliebe
Mondschwächen Sich schlecht entscheiden können. Allein unsicher sein. Antriebsarmut, Überempfindlichkeit

In Ihrer gefühlsmäßigen Stimmung richten Sie sich stark nach der Zuneigung und Sympathie Ihrer Mitmenschen. Ihr großes Bedürfnis nach Harmonie und Ihr Widerwille gegen Streit und Konfrontation kann Sie allerdings dazu verleiten, bestehende Differenzen der äußeren Form zuliebe nicht wahrhaben zu wollen. Das Aushalten und Akzeptieren von derartigen Ecken und Kanten im Leben bringt Sie einer ganzheitlichen Lebenserfahrung näher. Menschen, die selber nicht so ausgeprägt beziehungsorientiert sind, fühlen sich von Ihnen oft angezogen. Nach außen hin wirken Sie stark. Kennt man Sie aber näher, entdeckt man eine sensible Seele, Kinderträume und eine starke Suche nach Harmonie. Sie sind für die hübsche Seite des Lebens geboren. Mit der täglichen Routine hingegen haben Sie Ihre liebe Not.

Ihre Liebesfähigkeit: Sie sind der hingebungsvollste, einfühlsamste, zarteste, bezauberndste Mensch. Trotzdem zweifeln Sie immer zuerst an sich selbst, wenn Disharmonie aufkommt, und geben sich die Schuld an einer gescheiterten Beziehung. Hier sollten Sie lernen, sich stärker abzugrenzen und ruhig etwas egoistischer zu denken.

Mond-Check
Wie weiblich macht mich mein Mond? Er macht Sie zärtlich, einfühlsam und weiblich, jedoch nicht zu weiblich.
Wie mütterlich macht mich mein Mond? Sie können sich Kindern gegenüber schlecht durchsetzen.
Wie gefühlvoll macht mich mein Mond? Sie mögen Stimmungen, haben aber Probleme mit starken Emotionen.
Wie intuitiv macht mich mein Mond? Sie sind sehr sensibel und ungeheuer phantasievoll.

Mond im Skorpion – LEIDENSCHAFTLICH

Mondstärken Hinterfragen und aufdecken.
Im Krisenfall stark werden. Verantwortung übernehmen.
Okkulte, hellseherische, magische Fähigkeiten.
Mit suggestiver Ausstrahlung andere beeindrucken
Mondschwächen Ungelöste Familienproblematiken.
Von der Mutter nicht loskommen. Subtile Herrschsucht

Im Umgang mit Ihren Mitmenschen legen Sie oft eine gewisse Heftigkeit und Unberechenbarkeit an den Tag. Es ist daher für viele nicht leicht, die Motive Ihrer Handlungen nachzuvollziehen. So schwanken manche zwischen Bewunderung und Ablehnung. Man spürt, daß man sich auf große Intensität und Gefühlstiefe einläßt, wenn man eine Beziehung mit Ihnen eingeht. So ist Ihr Lebensstil weniger von äußerlicher Bequemlichkeit geprägt als von Entschlossenheit und Konsequenz.

Ihre Liebesfähigkeit: Ihr Seelenleben quillt über an Emotionen. Höchste Ekstase, teuflische Eifersucht, schmachtendes Sehnen, unüberbietbarer Sex, kosmische Vereinigung – es ist nahezu alles dabei. Darüber hinaus reagieren Sie allergisch auf jede Spur von Routine. Ein Leben mit Ihnen bleibt immer aufregend, und zugleich hat man einen Menschen an seiner Seite, der erst in Krisen richtig stark wird. Eines sollten Ihre Weggefährten noch beherzigen: Sie verzeihen alles, aber vergessen nichts. Wer daher grob Absprachen bricht, erhält, was ein Skorpion nur im äußersten Notfall produziert: martialisches Gift.

Mond-Check
Wie weiblich macht mich mein Mond? Sie besitzen große weibliche Kräfte.
Wie mütterlich macht mich mein Mond? Sie sind eine gute Mutter – auch als Mann.
Wie gefühlvoll macht mich mein Mond? Extrem gefühlvoll und leidenschaftlich.
Wie intuitiv macht mich mein Mond? Sie sind offen für magische Schwingungen und haben manchmal Visionen.

Frau Mond schenkt Geborgenheit, Fruchtbarkeit und Intuition

Mond im Schützen – UNABHÄNGIG

Mondstärken Optimistisch, motivierend, begeisterungsfähig, vielseitig. Schauspielerische Begabung. Rhythmus- und Musikgefühl. Im Ausland leben können. Schriftstellerische Talente. Sportliche Fähigkeiten und Interessen

Mondschwächen Überzogene Führungsansprüche. Blauäugigkeit. Naivität

Aus einer meistens optimistischen und lebensbejahenden Grundstimmung heraus lassen Sie sich leicht begeistern und mitreißen. Sie haben hohe Ansprüche und Ideale an sich selbst, aber auch an diejenigen Menschen, die Sie umgeben. Dabei kann es Ihnen passieren, daß Sie leicht einmal ins Schwärmen kommen, den Kontakt mit der konkreten Wirklichkeit verlieren und in Schwierigkeiten geraten. Ihr grundsätzlicher Optimismus bewahrt Sie aber davor, in Problemen zu versinken. Zwischen Hoffnung und Erfüllung lebend, entwachsen Sie nie ganz dem kindlichen Land Phantasia und suchen in der Welt die Erfüllung Ihrer Träume. Am stärksten werden Sie, wenn es darum geht, andere zu überzeugen und mitzureißen.

Ihre Liebesfähigkeit: Zuallererst brauchen Sie einen Partner, der Ihre Unabhängigkeit bewundert und Sie nicht einengt. Zweitens darf Ihr Partner nicht narzißtisch sein, denn Sie sind schonungslos offen; er muß die Wahrheit schon ertragen können. Drittens braucht Ihr Partner geistige Größe (Sie haben Sie schließlich auch), denn für Sie ist Liebe viel mehr als eine Bettgeschichte, nämlich ein Zusammentreffen von Körper, Geist und Seele.

Mond-Check

Wie weiblich macht mich mein Mond? Auch als Frau stehen Sie leicht Ihren Mann.

Wie mütterlich macht mich mein Mond? Sie haben etwas gegen zuviel Mütterlichkeit.

Wie gefühlvoll macht mich mein Mond? Sie sind feurig, ekstatisch – aber nicht gerade gefühlvoll.

Wie intuitiv macht mich mein Mond? Sie verfügen über eine große Intuition und Seelenstärke.

Mond im Steinbock – SELBSTÄNDIG

Mondstärken Klares Gefühlsleben. Selbstbeherrschung und Pflichtbewußtsein. Streben nach Objektivität und Klarheit. Ernsthaftigkeit. Liebe zu Beruf und Karriere. Suche nach sozialer oder politischer Verantwortung

Mondschwächen Sich selbst zu negativ sehen. Abhängigkeit von beruflichem Erfolg. Gefühlskontrolle

Der erste Eindruck von Ihnen ist oft der eines kühlen Menschen. Aber unter dem Hauch von Frostigkeit wartet ein warmes, anschmiegsames Geschöpf. Ihre weiche Seele zeigen Sie jedoch nur denjenigen, die Ihren hohen Ansprüchen genügen. Ihr Leben nehmen Sie selbst in die Hand. Sie brauchen einen Beruf und keinen Job und sollten daher eine qualifizierte Ausbildung anstreben. Diese wird sich auszahlen, denn mit dem Mond im Steinbock haben Sie die richtigen Voraussetzungen für Erfolg und Karriere.

Ihre Liebesfähigkeit: Die Behauptung, Sie seien abweisend und kalt, stammt garantiert von Personen, die bei Ihnen nicht landen konnten. Sie jedenfalls suchen auch beim Thema Liebe das Besondere, möchten auch hier Gipfel erleben. Aber Sie haben Ihre Gefühle im Griff, stehen über ihnen und mögen es nicht, wenn Menschen sich von den Launen ihrer Gefühle abhängig machen. Große Taten vollbringen Sie selbst, an Ihrem Traumpartner reizt Sie das andere; Sie erwarten Seelentiefe und – ganz im Gegenteil zu sich selbst – ein fast kindliches Gemüt. Auch das Rätselhafte übt einen magnetischen Einfluß auf Sie aus.

Mond-Check

Wie weiblich macht mich mein Mond? Sie sind sehr weiblich, auch ohne es nach außen hin deutlich zu zeigen.
Wie mütterlich macht mich mein Mond? Auch Ihre Mütterlichkeit ist ausgeprägt. Aber Sie wollen ebenso Karriere machen.
Wie gefühlvoll macht mich mein Mond? Sie verdrängen unliebsame Gefühle, was diese nur noch stärker macht.
Wie intuitiv macht mich mein Mond? Sie haben Zugang zu Wahrträumen.

Mond im Wassermann – FREI

Mondstärken Sozial, human, aufgeschlossen. Ungebunden. Veränderungsliebe. Reisefreude. Erfindungsgabe. Intuitionskraft. Vorurteilslosigkeit. Reformwillen
Mondschwächen Zwanghaft antiautoritäres Denken und Handeln. Verwirrtheit

Wenn Sie wollen, beherrschen Sie die feinsten gesellschaftlichen Umgangsformen, aber Sie können auch gegen jede Regel verstoßen. Jedenfalls sind Sie stets für eine Überraschung gut und lassen sich nicht in Normen pressen. Sie wollen, ja, müssen anders sein als alle anderen. Eine kreative Tätigkeit entspricht Ihrer Veranlagung. Dagegen werden Sie mit dem Frust, den das Leben bringt, schlecht fertig. Allem Neuen gegenüber zeigen Sie sich enthusiastisch. Aber Ihr Interesse erlischt auch schnell wieder. Sie müssen daher lernen, am Ball zu bleiben.

Ihre Liebesfähigkeit: Ihr Liebesleben ist widersprüchlich. Auf der einen Seite spielen Sie mit dem Feuer, haben das Flirten für Ihr Leben gern und sind bereit, sich auch in eine aussichtslose Beziehung einzulassen, wenn diese nur genügend Aufregung verspricht. Auf der anderen Seite können Sie völlig ohne Sexualität auskommen. Das liegt daran, daß Sie mit dem Mond im Wassermann hohe und ausgesprochen idealistische Ansprüche an die Liebe stellen. Tief in Ihrer Seele empfinden Sie sich als Engel und streben nach einer geistigen, beinah überirdischen Liebe, bei der das Körperliche nur noch eine Nebenrolle spielt.

Mond-Check
Wie weiblich macht mich mein Mond? Der Wassermannmond hebt Sie beinahe über die Unterscheidung männlich–weiblich: Beide Seiten sind Ihnen sehr vertraut.
Wie mütterlich macht mich mein Mond? Sie sind der beste Gefährte und Freund aller Kinder, aber absolut kein Muttertyp.
Wie gefühlvoll macht mich mein Mond? Tiefen Gefühlen gegenüber sind Sie mißtrauisch.
Wie intuitiv macht mich mein Mond? Sie haben häufig Offenbarungsträume, in denen Sie Hinweise für Ihren Lebensweg erhalten.

Mond in den Fischen – MYSTERIÖS

Mondstärken Mediale Fähigkeiten. Heilerische Qualitäten. Kraft durch Glauben. Sensibilität beruflich nutzen können (zum Beispiel als Heilpraktiker). Liebe für andere, Liebe zur Schöpfung. Sich auf instinkthaftes Gespür verlassen können

Mondschwächen Wirre Phantasievorstellungen, Unsicherheit, Bindungslosigkeit

Sie sind vielschichtig und widersprüchlich: Sie können in einer Woge des Mitgefühls für die gesamte Schöpfung schwimmen, aber manchmal stehen Sie abgehoben und einsam über dem Rest der Welt. Sie verfügen über feinste Antennen, erahnen sogar die Gedanken anderer, und dann wieder stapfen Sie bereitwillig in jedes nur erdenkliche Fettnäpfchen. Ihre Intuition ist ungeheuer. Manche unter Ihnen ahnen in ihren Träumen zukünftige Ereignisse voraus. Auch als Heiler und Helfer vollbringen Sie beinahe Wunder. Wie mit einem sechsten Sinn behaftet, spüren Sie, was einem anderen fehlt. Sie müssen sich aber auch schützen, denn Sorgen und Probleme springen nur allzu leicht von anderen auf Sie selbst über.

Ihre Liebesfähigkeit: Es ist leicht, sich in Sie zu verlieben, denn Sie locken und verführen mit einem sphinxartig-unergründlichen Wesen. Jeder fühlt sich verstanden und erlöst von seiner Einsamkeit. Die Partnerschaft mit Ihnen ist jedoch eine ganz andere Sache. Wer sie eingeht, beherrscht früher oder später die Quadratur des Kreises. Sie sind nicht nur ein schillerndes und anmutiges, sondern auch ein äußerst widersprüchliches Geschöpf. Hält Ihr Partner dies aus, werden Sie ihm aber viel Glück, Freude und Segen bringen.

Mond-Check

Wie weiblich macht mich mein Mond? Sie sind äußerst weiblich, können diese Seite aber auch vollkommen verstecken und verdrängen.
Wie mütterlich macht mich mein Mond? Sie fühlen sich als Mutter der gesamten Schöpfung.
Wie gefühlvoll macht mich mein Mond? Sie sind ungeheuer gefühlvoll.
Wie intuitiv macht mich mein Mond? Unter allen Mondstellungen sind Sie am intuitivsten.

Eine besondere Mondphase beim Mond in den Fischen: Neumond

Sie sind in der Neumondphase (zwei Tage vor bis zwei Tage nach Neumond) geboren. Sie sind damit ein besonderer Mensch. Denn in Ihnen ist eine große Sehnsucht nach inniger Nähe zu geliebten Menschen, die Sie in einer erfüllten Partnerschaft zu verwirklichen versuchen.

Füllest wieder Busch und Tal
Still mit Nebelglanz,
Lösest endlich auch einmal
Meine Seele ganz.

Johann Wolfgang von Goethe

Das Venushoroskop – IHRE LIEBESFÄHIGKEIT

Venuszeichen

Kurz nach Sonnenuntergang – der Westen badet sich noch in goldenem Rot, im Osten kündet ein stahlblauer Himmel die heraufziehende Nacht an – kann man sie sehen, die Venus. Sie ist so hell, daß man sie manchmal mit den Lichtern eines Flugzeugs verwechselt. Und in Gegenden, die nicht künstlich erleuchtet sind, überkommt den Betrachter bei ihrem Anblick fast das Gefühl einer außerirdischen Begegnung. Der Tag geht zur Ruhe, Venus läutet den Feierabend ein, jene Zeit, die weder der Arbeit noch dem Schlaf gehört, vielmehr der Muße – und der Liebe.

Aber Venus verzaubert nicht nur den Abend, sondern auch den Morgen. Denn die Hälfte des Jahres läuft sie, wie wir es von der Erde aus sehen, der Sonne nach, sie steht dann als Venus des Abends nach Sonnenuntergang noch einige Zeit am Abendhimmel. Die andere Hälfte jedoch läuft sie der Sonne voraus und steigt als Venus des Morgens vor der Sonne über den östlichen Horizont als strahlende Botin des neuen Tages.

Venus oder die griechische Entsprechung Aphrodite trug den Namen »Schaumgeborene«: Dem Mythos nach hat Kronos (Saturnus), der Vater des Zeus, das Zeugungsglied seines Vaters Uranos ins Meer geworfen. Aus dem Schaum, der sich dabei bildete, ist die Göttin der Schönheit entstanden (griechisch *aphrós* = »Schaum«).

Sie galt als die fruchtbare Göttin des blühenden Frühlings und der überströmenden Frühlingslust. Sie war die Beschützerin der Gärten, Blumen und Lusthaine. Ihre Lieblingsgewächse waren Myrten, Rosen und Lilien, ihre Frucht der Apfel, ihre bevorzugten Tiere waren Widder, Böcke, Hasen, Tauben und die bunten Schmetterlinge. Vor allem aber war Venus/Aphrodite eine Frau, deren unvergleichliche Schönheit die Männer betörte. Man fand schier kein Ende, all ihre Reize aufzuzählen: göttlicher Wuchs, strahlende Augen, verlockender Blick, rosenknospiger Mund, zierliche Ohren, reizender Busen und, und, und ...

Im Vergleich dazu sah ihr häßlicher, hinkender Ehemann Hephaistos, der Gott des Erdfeuers und Schutzgott der Schmiedekunst, ziemlich alt aus, wie man heute sagen würde. Sie nutzte denn auch jede Gelegenheit zu einem Seitensprung. Der bekannteste (und folgenreichste) war wohl jener mit Mars, dem Amor, der spitzbübische Junge mit den heimtückischen Liebespfeilen, sein Leben verdankte.

Die schöne Venus bekam ein würdiges Denkmal am Himmel; der hellste Stern wurde nach ihr benannt. Je nach Position kündet er als Abendstern den Feierabend, vor Sonnenaufgang die nahende Morgenröte an.

»Venus« ist in der Symbolsprache ein anderes Wort für »Liebe, Lust, Zärtlichkeit, Leidenschaft, Zweisamkeit, Anziehung, Nähe, Knistern, Flirten, Sehnsucht, Verschmelzung, Sinnlichkeit« und dergleichen mehr. Aber jede Venusposition in den Tierkreiszeichen gibt all diesen Facetten der Liebe eine andere Färbung, ein bestimmtes Gewicht, einen individuellen Glanz. Da müssen Sie Ihre persönliche Venus einfach näher kennenlernen!

DIE ERMITTLUNG DES VENUSZEICHENS

In der Venustabelle finden Sie ganz einfach Ihre Venusposition, indem Sie Ihren Geburtstag suchen. Dahinter ist das Tierkreiszeichen vermerkt, in dem Ihre Venus steht. Dann brauchen Sie nur noch den entsprechenden Abschnitt im Kapitel »Die Venuszeichen der Fische« nachzulesen. Wenn Sie zum Beispiel am 15. März 1955 geboren sind, steht Ihre Venus laut Tabelle im Wassermann. Für Sie trifft dann der Text »Venus im Wassermann – utopische Liebe« zu. (Siehe auch die Vorbemerkung am Beginn von Teil II dieses Buches.)

Die Venustabelle

1920* 19.2.–22.2. Steinbock, 23.2.–18.3. Wassermann, 19.3.–21.3. Fische, **1921** 19.2.–6.3. Widder, 7.3.–21.3. Stier, **1922** 19.2.–12.3. Fische, 13.3.–21.3. Widder, **1923** 19.2.–5.3. Steinbock, 6.3.–21.3. Wassermann, **1924** 19.2.–8.3. Widder, 9.3.–21.3. Stier, **1925** 19.2.–3.3. Wassermann, 4.3.–21.3. Fische, **1926** Wassermann, **1927** 19.2.–26.2. Fische, 27.2.–21.3. Widder, **1928** 19.2.–22.2. Steinbock, 23.2.–17.3. Wassermann, 18.3.–21.3. Fische, **1929** 19.2.–7.3. Widder, 8.3.–21.3. Stier, **1930** 19.2.–12.3. Fische, 13.3.–21.3. Widder, **1931** 19.2.–5.3. Steinbock, 6.3.–21.3. Wassermann, **1932** 19.2.–8.3. Widder, 9.3.–21.3. Stier, **1933** 19.2.–3.3. Wassermann, 4.3.–21.3. Fische, **1934** Wassermann, **1935** 19.2.–25.2. Fische, 26.2.–21.3. Widder, **1936** 19.2.–21.2. Steinbock, 22.2.–17.3. Wassermann, 18.3.–21.3. Fische, **1937** 19.2.–9.3. Widder, 10.3.–21.3. Stier, **1938** 19.2.–11.3. Fische, 12.3.–21.3. Widder, **1939** 19.2.–5.3. Steinbock, 6.3.–21.3. Wassermann, **1940** 19.2.–8.3. Widder, 9.3.–21.3. Stier, **1941** 19.2.–2.3. Wassermann, 3.3.–21.3. Fische, **1942** Wassermann, **1943** 19.2.–25.2. Fische, 26.2.–21.3. Widder, **1944** 19.2.–21.2. Steinbock, 22.2.–16.3. Wassermann, 17.3.–21.3. Fische, **1945** 19.2.–10.3. Widder, 11.3.–21.3. Stier, **1946** 19.2.–11.3. Fische, 12.3.–21.3. Widder, **1947** 19.2.–4.3. Steinbock, 5.3.–21.3. Wassermann, **1948** 19.2.–7.3. Widder, 8.3.–21.3. Stier, **1949** 19.2.–1.3. Wassermann, 2.3.–21.3. Fische, **1950** Wassermann, **1951** 19.2.–24.2. Fische, 25.2.–20.3. Widder, 21.3.

* Siehe auch die Anmerkung zur Mondtabelle auf S. 95.

Stier, **1952** 19.2.–20.2. Steinbock, 21.2.–16.3. Wassermann, 17.3.–21.3. Fische, **1953** 19.2.–14.3. Widder, 15.3.–21.3. Stier, **1954** 19.2.–10.3. Fische, 11.3.–21.3. Widder, **1955** 19.2.–4.3. Steinbock, 5.3.–21.3. Wassermann, **1956** 19.2.–17.3. Widder, 18.3.–21.3. Stier, **1957** 19.2.–1.3. Wassermann, 2.3.–21.3. Fische, **1958** Wassermann, **1959** 19.2.–23.2. Fische, 24.2.–20.3. Widder, 21.3. Stier, **1960** 19.2.–20.2. Steinbock, 21.2.–15.3. Wassermann, 16.3.–21.3. Fische, **1961** Widder, **1962** 19.2.–10.3. Fische, 11.3.–21.3. Widder, **1963** 19.2.–3.3. Steinbock, 4.3.–21.3. Wassermann, **1964** 19.2.–7.3. Widder, 8.3.–21.3. Stier, **1965** 19.2.–28.2. Wassermann, 1.3.–21.3. Fische, **1966** 19.2.–24.2. Steinbock, 25.2.–21.3. Wassermann, **1967** 19.2.–23.2. Fische, 24.2.–19.3. Widder, 20.3.–21.3. Stier, **1968** 19.2. Steinbock, 20.2.–15.3. Wassermann, 16.3.–21.3. Fische, **1969** Widder, **1970** 19.2.–9.3. Fische, 10.3.–21.3. Widder, **1970** 19.2.–9.3. Fische, 10.3.–21.3. Widder, **1971** 19.2.–3.3. Steinbock, 4.3.–21.3. Wassermann, **1972** 19.2.– 6.3. Widder, 7.3.–21.3. Stier, **1973** 19.2.–28.2. Wassermann, 1.3.– 21.3. Fische, **1974** 19.2.–28.2. Steinbock, 1.3.–21.3. Wassermann, **1975** 19.2.–22.2. Fische, 23.2.–19.3. Widder, 20.3.–21.3. Stier, **1976** 19.2. Steinbock, 20.2.–14.3. Wassermann, 15.3.–21.3. Fische, **1977** Widder, **1978** 19.2.–9.3. Fische, 10.3.–21.3. Widder, **1979** 19.2.–3.3. Steinbock, 4.3.–21.3. Wassermann, **1980** 19.2.–6.3. Widder, 7.3.–21.3. Stier, **1981** 19.2.–27.2. Wassermann, 28.2.– 21.3. Fische, **1982** 19.2.–2.3. Steinbock, 3.3.–21.3. Wassermann, **1983** 19.2.–22.2. Fische, 23.2.–18.3. Widder, 19.3.–21.3. Stier, **1984** 19.2.–14.3. Wassermann, 15.3.–21.3. Fische, **1985** Widder, **1986** 19.2.–8.3. Fische, 9.3.–21.3. Widder, **1987** 19.2.–2.3. Steinbock, 3.3.–21.3. Wassermann, **1988** 19.2.–5.3. Widder, 6.3.–21.3. Stier, **1989** 19.2.–27.2. Wassermann, 28.2.–21.3. Fische, **1990** 19.2.–3.3. Steinbock, 4.3.–21.3. Wassermann, **1991** 19.2.–21.2. Fische, 22.2.–18.3. Widder, 19.3.–21.3. Stier, **1992** 19.2.–13.3. Wassermann, 14.3.–21.3. Fische, **1993** Widder, **1994** 19.2.–8.3. Fische, 9.3.–21.3. Widder, **1995** 19.2.–2.3. Steinbock, 3.3.–21.3. Wassermann, **1996** 19.2.–5.3. Widder, 6.3.–21.3. Stier, **1997** 19.2.–26.2. Wassermann, 27.2.–21.3. Fische, **1998** 19.2.–4.3. Steinbock, 5.3.–21.3. Wassermann, **1999** 19.2.–21.2. Fische, 22.2.–17.3. Widder, 18.3.–21.3. Stier, **2000** 19.2.–12.3. Wassermann, 13.3.–21.3. Fische, **2001** Widder, **2002** 19.2.–7.3. Fische, 8.3.–21.3. Widder, **2003** 19.2.–2.3. Steinbock, 3.3.–21.3. Wassermann

Venus im Widder – STÜRMISCHE LIEBE

Venusstärken Spontan, direkt, feurig
Venusschwächen Egoistisch, überfordernd

Feinfühligkeit ist nicht Ihre Stärke. Zu Ihrer Entschuldigung läßt sich sagen, daß Sie es ja gar nicht so meinen, wenn Sie beispielsweise die roten Punkte auf seiner neuen Krawatte bzw. ihre rotgesprenkelte Bluse an Ketchup erinnert (und Sie das natürlich auch noch laut sagen müssen). Aber was soll's! Sie haben nichts gegen einen klärenden Krach. Hinterher ist die Luft einfach besser. Und was zu Bruch geht, war sowieso nur eine Scheinidylle. Gut, Sie tragen die Schuld, waren unsensibel, taktlos, verletzend ..., aber sind Sie nicht einfach auch offen und ehrlich?
An Ihren eigenen Gefühlen und Stimmungen zweifeln Sie nie. Auch wenn man Ihnen mit Engelszungen nahezubringen versucht, daß Ihre Eifersucht unbegründet, diese Liebe illusorisch oder Ihre Sorgen reine Hirngespinste sind, es wird nichts fruchten! Und plötzlich – kein Mensch weiß, weshalb – hat sich Ihre Weltuntergangsstimmung in Luft aufgelöst. Weg!
Das alles klingt nach einem einfachen, kindlichen Gefühlsleben. Mag sein. Aber dafür bleiben Sie jung, erfrischend, charmant und immer für eine Überraschung gut. Ein probates Gegengift gegen Langeweile also. Und Sie sind nicht nachtragend. Sie kommen leicht in Fahrt, spucken schon mal Feuer und Gift, aber die Versöhnung ist auch nicht weit – und besonders süß.

Venus-Check
Kann meine Venus gut allein sein? Eher nicht, aber sie schafft es.
Sucht meine Venus Sicherheit? Nicht so sehr, eher Lust, Unterhaltung und Vergnügen.
Besteht meine Venus auf Treue? Nicht ausgesprochen.
Ist meine Venus eifersüchtig? Ja, sogar extrem. Sie kann Konkurrenten nicht ausstehen.
Findet meine Venus leicht Partner? Jederzeit, Sie brauchen nur loszuziehen.

Venus im Stier – PRAKTISCHE LIEBE

Venusstärken Erotisch, gemütlich, natürlich
Venusschwächen Stur, bequem

Sie lieben das Leben mit all seinen Verführungen, seiner Schönheit und den unendlichen Sinnenfreuden. Niemals bekommen Sie davon genug. In Ihren Augen gibt es keine größere Sünde, als diesem Genuß zu entsagen: Hat Gott nicht all dies geschaffen, damit der Mensch es genieße? In der Praxis hat eine derartige Lust leider hinterhältige Folgen: Sie müssen auf Ihre Linie achten, also doch maßhalten und Ihre Wünsche verdrängen. Aber mit regelmäßigen sportlichen Übungen und entsprechender geistiger Haltung bleiben Sie fit und Ihr Körper ein Tempel der Lust und Sinnlichkeit.
Natürlich liebt man solche Personen: Weil Sie praktisch sind und den weitbekannten Spruch, daß Liebe durch den Magen geht, aufs köstlichste unter Beweis stellen. Weil Sie Geschmack besitzen und selbst ein Kellerloch in ein gemütliches Kuschelnest verzaubern. Weil Sie hingabefähig und treu sind und dennoch auf eigenen Beinen stehen. Allerdings braucht Ihre Liebe Zeit. Sie sind kein »Feuer-und-Flamme-Typ«. Aber wenn Sie einmal heißlaufen und richtig brennen, sind Sie dafür kaum mehr zu bremsen.
Einen Wahnsinns-Sturkopf haben Sie ebenfalls. Was Sie sich einmal in den Kopf gesetzt haben, ziehen Sie auch durch. Und Sie sind schrecklich bequem und reagieren daher viel zu spät, wenn der Partnersegen einmal schief hängt.

Venus-Check

Kann meine Venus gut allein sein? Nein, sie teilt ihre Sinnlichkeit lieber mit jemandem.
Sucht meine Venus Sicherheit? Ja, extrem. Da müssen Sie sogar loslassen lernen.
Besteht meine Venus auf Treue? Keine Frage, sie teilt ihren Partner niemals.
Ist meine Venus eifersüchtig? Ja, und es drohen martialische Eifersuchtsszenen.
Findet meine Venus leicht Partner? Sie ist sehr begehrt und sollte keine Problem haben.

Venus im Steinbock – BEHERRSCHTE LIEBE

Venusstärken Entwicklungsfähig, tief, erdig
Venusschwächen Gefühlskalt

Partner, die beim Liebesakt wie Hirsche röhren, ohne ihren Geliebten nicht einschlafen können und nur aus Angst vor dem Alleinsein in einer Beziehung bleiben – dies alles ist nicht Ihr Bier! Sie nehmen die Liebe selbst in die Hand, Sie bestimmen, wie es läuft, und haben Ihre Gefühle im Griff. Sie können auch allein – wissen aber sehr wohl, wie man sich eine(n) Liebhaber(in) besorgt.
Richtig, das klingt nicht gerade romantisch und läßt bei anderen schnell den roten Knopf suchen, der den Fluchtmotor anwirft. Aber was soll's, so sind Sie halt! Es macht überhaupt keinen Sinn, sich hinter einem charmanten, zuvorkommenden Outfit zu verstecken. Früher oder später setzen Sie Ihrem Lover doch den Zeigefinger auf die Brust und sagen: »Zur Sache, Schätzchen!«
Ein bißchen cool sind Sie auch. Steinbock ist ein Winterzeichen. Ihrer Venus wird es dort schnell kalt, was bei ihr zu der folgenschweren Entscheidung führt, sich ganz warm anzuziehen ... Damit kommt man aber schwer an Sie heran. Das müssen Sie verstehen! Irgendwann in Ihrem Leben war es eiskalt. Vielleicht wurde Ihre Liebe sogar schon als Kind mißbraucht. Sich zu schützen war lebenswichtig ...! Aber nichts bleibt immer so, wie es ist. Selbst nach dem kältesten Winter folgt der Frühling.

Venus-Check

Kann meine Venus gut allein sein? Ja, das ist sogar eine Stärke von ihr.
Sucht meine Venus Sicherheit? Nein, sie ist selber sicher.
Besteht meine Venus auf Treue? Ja, und zwar absolut. Untreue löst den Rachereflex aus.
Ist meine Venus eifersüchtig? Nein, nicht besonders.
Findet meine Venus leicht Partner? Nein, weil sie sehr anspruchsvoll ist.

Venus ist ein anderes Wort für Liebe, Lust, Sex und Zärtlichkeit

Venus im Wassermann – UTOPISCHE LIEBE

Venusstärken Frei, originell, fair
Venusschwächen Unpersönlich

Sie sind wie jener Vogel, der freiwillig im Käfig bleibt und wunderhübsch zwitschert, solange die Tür sperrangelweit offensteht. Macht es »Schnapp!«, die Tür ist zu, beginnt der Vogel zu kreischen und tobt wie ein Wahnsinniger. Nichts zu machen! Ihre Liebe ist klaustrophobisch. Manchmal flippen Sie schon aus, wenn jemand die Fenster schließt oder beim Schlafen den Arm um Sie legt.

Das hat überhaupt nichts mit mangelnder Liebe zu tun! Das sei hier gleich einmal grundsätzlich festgestellt: Ihre Liebesfähigkeit ist über jeden Zweifel erhaben. Aber Sie brauchen Luft, Ihren Spielraum, Ihre Freiheit. Man könnte meinen, Sie entstammten einem Planeten, auf dem man körperlose Liebe macht. Jedenfalls erstreben Sie eine Partnerschaft, die leicht und frei von bauchlastigen Emotionen ist. Eifersucht, Besitzanspruch, Zweisamkeit – derartige Worte mit den entsprechenden Ritualen entstammen Ihrer Meinung nach dem Kleinhirn und waren allenfalls in der Dinosaurierzeit überlebenswichtig.

In Wirklichkeit klaffen Theorie und Praxis dann doch auseinander. Mit anderen Worten: Sie sind eben auch eifersüchtig. Das ist aber kein Problem; Sie dürfen ruhig widersprüchlich sein, daran wachsen Sie. Was Sie nicht machen sollten, ist, Ihre Eifersucht zu verdrängen, weil Sie sich sagen, daß nicht ist, was nicht sein darf. So etwas macht krank!

Venus-Check

Kann meine Venus gut allein sein? Könnte sie schon, aber es passiert ziemlich selten.
Sucht meine Venus Sicherheit? Nein, die gibt es sowieso nicht.
Besteht meine Venus auf Treue? Sie besteht auf Fairneß, das ist wichtiger als Treue.
Ist meine Venus eifersüchtig? »Nein«, sagt sie, aber »Ja« fühlt sie.
Findet meine Venus leicht Partner? Dabei hat sie keinerlei Probleme.

Venus in den Fischen – MYSTISCHE LIEBE

Venusstärken Hingebungsvoll, tief, selbstlos
Venusschwächen Unklar

Für Ihre Venus in den Fischen existieren keine Grenzen und keine Distanz. Probieren Sie's aus! Schicken Sie Ihren Partner zweitausend Kilometer weg. Vereinbaren Sie einen Zeitpunkt, um sich zu lieben: Es ist, als wären Sie bei ihm. Genaugenommen wächst Ihre Liebe sogar proportional zur Entfernung – und mit der Schwierigkeit, ihn zu kriegen: Ihre Favoriten sind vergebene oder weit entfernte Männer und Frauen.
Ihr Geheimnis? Ihre Venus in den Fischen ist eine Träumerin! Sie zieht schmachtende Sehnsucht plattem Zweier-Einerlei vor. Sie fürchtet den Alltag, weil er sie aus ihren Träumen weckt. Ist das ein Problem? Vielleicht machen Sie eins draus! Weil Sie die Liebe mystifizieren, gestatten Sie ihr keine Grenzen. Nein, Sie sagen nicht, daß Sie genug haben und jetzt allein sein möchten, daß Sie auftanken müssen in Ihrer inneren Welt. Sie sagen gar nichts, aber Sie flüchten in Ihren unsichtbaren Elfenbeinturm und spielen »Mich versteht sowieso keiner«, in der Hoffnung, daß man Sie in Ruhe läßt.
Lernen Sie, sich klar abzugrenzen! Keine andere Venusgestalt liebt so selbstlos, so phantasievoll, zärtlich und innig. Sie haben ein Recht auf schöpferische Pausen!

Venus-Check
Kann meine Venus gut allein sein? O ja, im Grunde ist man immer allein.
Sucht meine Venus Sicherheit? Nein, die gibt es sowieso nicht.
Besteht meine Venus auf Treue? Nein, man kann auf gar nichts bestehen!
Ist meine Venus eifersüchtig? Nein, es schmerzt höchstens.
Findet meine Venus leicht Partner? Ja, aber es ist der falsche.

Das Jupiterhoroskop –
INNERLICH UND ÄUSSERLICH REICH UND ERFOLGREICH SEIN

Jupiterzeichen

Nachts, wenn Venus nicht mehr (oder noch nicht) am Himmel leuchtet, ist Jupiter einer der hellsten Sterne überhaupt. Kein Wunder daher, daß er unseren Vorfahren, die der Nacht in viel umfassenderem Maße ausgeliefert waren als wir heute in unserer künstlich erhellten Zeit, ein Symbol für Hoffnung, Trost, Stimmigkeit und Gerechtigkeit war. Oft verband man ihn mit der obersten Gottheit.

So auch in der griechischen Mythologie, auf die sich die Symbolik der Astrologie entscheidend bezieht. Jupiter heißt bei den Griechen »Zeus«, und über ihn gibt es unzählige Mythen. So war er es, der gegen seinen Vater Saturnus bzw. Kronos, den obersten der Titanen, antrat

und ihn besiegte. Saturnus hatte nämlich außer Zeus alle seine Nachkommen aufgefressen, weil ihm geweissagt worden war, daß ihn eines seiner Kinder vom Throne stoßen würde. Rheia, Zeus' Mutter, versteckte ihren Sohn vor dem Vater, und die Prophezeiung erfüllte sich: Zeus entthronte ihn und warf ihn in den Tartaros.
Andere Geschichten über Zeus/Jupiter erzählen eher Delikates. So gelüstete es den obersten Gott wie gesagt immer wieder nach weltlichen Frauen, die er durch List dazu brachte, mit ihm zu schlafen und Kinder von ihm zu empfangen. Bei Leda zum Beispiel verwandelte er sich in einen Schwan und zeugte mit ihr Pollux. Auch Herakles und Dionysos entstammten seinem gemeinsamen Lager mit sterblichen Frauen. Gezeugt durch den unsterblichen Jupiter, erlangten seine Kinder ebenfalls die Unsterblichkeit.
Die Position Jupiters im Horoskop verweist daher einerseits auf tiefe Einsichten: Jupiter sorgt dafür, daß uns »ein Licht aufgeht«, wir letzten Endes weise werden. Auf der anderen Seite verkörpert Jupiter eine Gestalt, der eine unendlich große Liebe zukommt. Sinnbildlich gesprochen, sehnt sich der Mensch danach, sich mit dem göttlichen Jupiter zu vereinigen, um Kinder (symbolisch für Ideen und Taten) zu gebären, die unsterblich sind.
Des weiteren repräsentiert Jupiter den großen Helfer und Heiler. Dort, wo er im Horoskop steht, findet der Mensch Kräfte, sich und andere zu trösten und zu stärken. Am bekanntesten ist Jupiter in der Astrologie aber deswegen, weil er das Glück verheißt.

DIE ERMITTLUNG DES JUPITERZEICHENS

Suchen Sie in der Jupitertabelle Ihren Geburtstag, und entnehmen Sie Ihr Jupiterzeichen, das Sie auf den entsprechenden Text im Kapitel »Die Jupiterzeichen der Fische« verweist. (Siehe auch die Vorbemerkung am Beginn von Teil II dieses Buches.)

Die Jupitertabelle

1920* Löwe, **1921** Jungfrau, **1922** Waage, **1923** Skorpion, **1924** Schütze, **1925** Steinbock, **1926** Wassermann, **1927** Fische, **1928** Widder, **1929** Stier, **1930** Zwillinge, **1931** Krebs, **1932** Löwe, **1933** Jungfrau, **1934** Waage, **1935** Skorpion, **1936** Schütze, **1937** Steinbock, **1938** Wassermann, **1939** Fische, **1940** Widder, **1941** Stier, **1942** Zwillinge, **1943** Krebs, **1944** Löwe, **1945** Jungfrau, **1946** Waage, **1947** Skorpion, **1948** Schütze, **1949** Steinbock, **1950** Wassermann, **1951** Fische, **1952** Widder, **1953** Stier, **1954** Zwillinge, **1955** Krebs, **1956** Löwe, **1957** 19.2. Waage, 20.2.–21.3. Jungfrau, **1958** 19.2.–20.3. Skorpion, 21.3.Waage, **1959** Schütze, **1960** 19.2.–1.3. Schütze, 2.3.–21.3. Steinbock, **1961** 19.2.–14.3. Steinbock, 15.3.–21.3. Wassermann, **1962** Wassermann, **1963** Fische, **1964** Widder, **1965** Stier, **1966** Zwillinge, **1967** Krebs, **1968** 19.2.–27.2. Jungfrau, 28.2.–21.3. Löwe, **1969** Waage, **1970** Skorpion, **1971** Schütze, **1972** Steinbock, **1973** 19.2.–22.2. Steinbock, 23.2.–21.3. Wassermann, **1974** 19.2.–8.3. Wassermann, 9.3.–21.3. Fische, **1975** 19.2.–18.3. Fische, 19.3.–21.3. Widder, **1976** Widder, **1977** Stier, **1978** Zwillinge, **1979** 19.2.–1.3. Löwe, 2.3.–21.3. Krebs, **1980** Jungfrau, **1981** Waage, **1982** Skorpion, **1983** Schütze, **1984** Steinbock, **1985** Wassermann, **1986** 19.2.–20.2. Wassermann, 21.2.–21.3. Fische, **1987** 19.2.–2.3. Fische, 3.3.–21.3. Widder, **1988** 19.2.–8.3. Widder, 9.3.–21.3. Stier, **1989** 19.2.–10.3. Stier, 11.3.–21.3. Zwillinge, **1990** Krebs, **1991** Löwe, **1992** Jungfrau, **1993** Waage, **1994** Skorpion, **1995** Schütze, **1996** Steinbock, **1997** Wassermann, **1998** Fische, **1999** Widder, **2000** Stier, **2001** Zwillinge, **2002** Krebs, **2003** Löwe

* Siehe auch die Anmerkung zur Mondtabelle auf S. 95.

Jupiter im Widder – DAS GLÜCK DES FEUERS

Jupiterstärken Selbstvertrauen, Optimismus
Jupiterschwächen Prahlerei

Ihr Glück ist für Sie die Möglichkeit, Ihren Willen und Ihre Impulse spontan und unmittelbar umsetzen zu können. Sie sind ein Abenteurer – in Wirklichkeit wie im Geiste. Sie möchten wie Kolumbus die Welt entdecken. Und wie Einstein, Hildegard von Bingen oder Galileo Galilei den Gipfel menschlicher Erkenntnis erreichen. Wenn Sie sich bewegen, geistig wie körperlich, sind Sie Ihrem Schöpfer am nächsten. Stillstand hingegen weckt Resignation; Sie fühlen sich fern und ausgestoßen vom großen Ganzen. Durch Ihre optimistische und positive Weltauffassung sind Sie dafür bestimmt, anderen voranzugehen oder ihnen den Weg zu weisen. Denn Sie tragen eine Fackel des Lichts und der Wahrheit.
So schlummert auch ein Heiler und Prophet in Ihnen, der im Laufe Ihres Lebens geweckt werden will. Bevor Sie allerdings selber ein Lichtbringer sein können, werden Sie Persönlichkeiten suchen, die Ihnen auf Ihrem eigenen Weg ein Vorbild sind. Mit der Gabe, andere zu führen, müssen Sie behutsam umgehen. Hüten Sie sich, andere zu blenden oder sich über deren Unwissen zu erheben. Sie dürfen Ihre Demut nie verlieren, und Sie dürfen nicht vergessen, daß Sie selbst auch – und sogar zuallererst – ein Suchender sind.

Jupiter-Check
Wie habe ich Erfolg, inneres und äußeres Glück? Durch Handeln, Reisen, Unternehmungen, Initiativen.
Wie kann ich helfen und heilen? Durch tatkräftiges Unterstützen, Körpertherapie, Yoga, Sport, Wärme. Andere motivieren, ihnen Mut zusprechen.

Jupiter im Stier – DAS GLÜCK DER ERDE

Jupiterstärken Geduld, Großzügigkeit
Jupiterschwächen Bequemlichkeit

Ihr Glück liegt im ungestörten Genuß. Überfluß und Sicherheit bedeuten für Sie die Erfüllung Ihrer Wünsche. Natürlich würden Sie Ihr erstrebtes Glück, wenn es möglich wäre, herbeizaubern, aber Sie können auch warten. Wie ein Gärtner geduldig sät und die wachsenden Pflanzen hegt, damit sie zur vollen Größe gedeihen können, so überwachen Sie Ihr Hab und Gut, Ihre Anlagen und Talente und entwickeln sie zur vollen Reife.

Der Vergleich mit dem Gärtner ist auch in anderer Hinsicht passend. Denn Sie lieben die Natur. Eine Waldlichtung im Frühling erscheint Ihnen als Dom, und Sie sind Ihrem Schöpfer dort vielleicht näher als in einer Kirche. Die Natur zeigt Ihnen absolute Ordnung, Stimmigkeit und Erfüllung. Und Natur heilt. Sie heilt Sie, wenn Sie erschöpft oder krank sind. Sie brauchen sich nur unter einen Baum zu legen, und Sie fühlen sich sofort besser.

In der Natur finden Sie aber auch die Stoffe, um andere zu heilen. Nahrung, Heilkräuter, homöopathische Essenzen. Alles erhält durch Ihren Jupiter eine höhere Potenz, heilt und macht ganz. Sie sollten sich jedoch davor hüten, sich nicht im reinen Besitz zu verlieren: Ein Baum sammelt nicht die Erde, die ihn hält, er benützt sie, um in den Himmel zu wachsen.

Jupiter-Check

Wie habe ich Erfolg, inneres und äußeres Glück? Durch Geduld und Nähe zur Erde. Durch materiellen Wohlstand. Durch Liebe und Sinnlichkeit.

Wie kann ich helfen und heilen? Durch die Heilkräfte der Natur. Aber auch allein ihre Nähe beruhigt und heilt.

Jupiter in den Zwillingen – DAS SELBSTVERSTÄNDLICHE GLÜCK

Jupiterstärken Begeisterungsfähigkeit
Jupiterschwächen Ruhelosigkeit

Ihr Glück finden Sie im Alltäglichen, auf einem Wochenmarkt, im Zug, bei einer Unterhaltung mit Freunden und Bekannten. Aber auch zu Menschen, die Sie noch nicht kennen, finden Sie rasch einen Bezug und große Nähe. Dieses »kleine Glück« bedeutet Ihnen wesentlich mehr als die Suche nach großer und absoluter Erfüllung.
Sie haben eine enorme sprachliche Begabung und werden in Ihrem Leben bestimmt mehrere Sprachen lernen. Sie können auch gut schreiben und sprechen.
Um sich wohl zu fühlen, brauchen Sie die Geselligkeit, den verbalen Austausch und die lebendige Kommunikation. Unter Menschen finden Sie zu sich und fühlen sich aufgehoben im Ganzen der Schöpfung. Allein hingegen verlieren Sie Ihre innere Sicherheit und den tiefen Glauben, daß alles sinnvoll und von höherem Willen getragen ist. Daher ist es auch Ihre Aufgabe, Menschen miteinander zu verbinden, damit sie sich nicht als Individuen erfahren, die wie Robinson Crusoe »allein auf einer Insel« leben. Der Mensch ist ein soziales Wesen. Er wächst in einer Familie auf, schafft sich später seine eigene Familie, seine Arbeitswelt, seine Freunde. Selbst wenn er die Erde verläßt, geht er nicht in die Einsamkeit, sondern dorthin, wo sich immer schon alle aufhalten. Sie sind auf der Welt, um Menschen aus ihrer Einsamkeit zu befreien, in die sie irrtümlicherweise geraten sind.

Jupiter-Check

Wie habe ich Erfolg, inneres und äußeres Glück? In den »kleinen«, alltäglichen Dingen, die um Sie herum sind. Und in der Begegnung mit anderen.
Wie kann ich helfen und heilen? Durch gute Worte, aufmunternden Zuspruch, durch Zuhören und Teilnahme. Durch Schaffen von Verbindungen.

Jupiter im Krebs – DAS GLÜCK DES FÜHLENS

Jupiterstärken Suggestivwirkung, Phantasie
Jupiterschwächen Gefühlspathos, Mißbrauch

Glück finden Sie in Ihren eigenen und in den Gefühlen anderer. Auch Musik oder ein Gedicht weckt ein Ahnen, das Sie Ihrem Schöpfer näherbringt. Gott ist Ihrer Meinung nach ein Gefühl der Verschmelzung mit dem Strom, aus dem alles kommt, und dem Ozean, in den alles mündet.
Man könnte Sie auch einen »Seelentaucher« nennen, denn Ihre liebste Beschäftigung ist, in Ihre eigene oder die Seele anderer Menschen zu tauchen. Eine gesunde und heile Psyche ist für Sie unerläßlich, um zufrieden zu sein. Daher wenden sich auch andere Menschen an Sie, weil sie instinktiv spüren, daß Sie ihnen dabei helfen können, die eigene Seele zu heilen. So betrachtet sind Sie ein Lichtbringer, der anderen Frieden schenkt.
In der Familie sehen Sie den Anfang allen Glücks – aber auch den Anfang allen Elends. Sie werden daher nicht müde, die heile, sinnstiftende, ganzheitliche, befreiende Familie zu postulieren. In diesem Zusammenhang ist eines sehr wichtig: Sosehr Sie die Familie lieben, so fern liegt es Ihnen, nur Ihr eigenes Nest zu bewundern. Ganz im Gegenteil, fremde Sitten und Gewohnheiten sind Ihnen ebenso wichtig wie die eigenen. Am liebsten würden Sie in einer Gemeinschaft leben, die von Menschen der unterschiedlichsten Herkunft getragen wird.
Geborgenheit ist für Sie kein leeres Wort, sondern ein anderer Ausdruck für Erfüllung, Heimat, Göttlichkeit und Ewigkeit. Wie ein Seismograph erspüren Sie daher Unstimmigkeiten in Ihrer Umgebung, die Disharmonie verursachen und den Frieden stören können. Ihre großen heilerischen Fähigkeiten ermöglichen es, solche Dissonanzen zur Auflösung zu bringen. Hüten Sie sich aber davor, als Retter aufzutreten. Sie sind stark, wenn Sie gewisse Dinge einfach nur geschehen lassen.

Jupiter-Check
Wie habe ich Erfolg, inneres und äußeres Glück? Im Fühlen, in der Liebe, im Geben, in der Familie, in der Vergangenheit, bei den Ahnen.
Wie kann ich helfen und heilen? Durch aufdeckende Gespräche und Begleiten.

Jupiter im Löwen – DAS GLÜCK DER FREUDE

Jupiterstärken Herzenswärme, Großmut
Jupiterschwächen Eitelkeit, Dünkel

Glück bedeutet für Sie, die Möglichkeit zu haben, spontan und großzügig schenken zu können. Äußere Werte sind Ihnen deshalb nicht unwichtig, denn nur wer hat, kann geben. Aber Sie sind absolut kein Materialist, im Gegenteil: Wenn Sie nach Macht und Einfluß streben, dann nicht in erster Linie um persönlicher Vorteile willen, sondern weil Sie überzeugt sind, mit Ihrem Eintreten für Ihre Werte einen wichtigen Beitrag für die Allgemeinheit leisten zu können. Geben und großzügig sein zu können sind für Sie wesentliche Eigenschaften. Aber dieses Geben bezieht sich auf ganz andere Dinge als auf Geld und schöne Geschenke: In Ihnen lebt auch die Göttin der Muse, die nur geweckt werden möchte, um andere zu erfreuen, zu unterhalten, zu erheben. Als Künstler, Maler, Musiker, Bildhauer, Poet – darin steckt Ihre größte Erfüllung. Sie müssen jedoch nicht bühnenreif singen oder druckreif schreiben können, um Ihrer Bestimmung als »göttlicher Unterhalter« gerecht zu werden. Wo immer Sie unter Menschen sind, verbreiten Sie Ihren Optimismus. So liegt denn Ihre Bestimmung auch darin, anderen die Freude am Leben zu zeigen.
Wovor Sie sich hüten müssen, ist Ihr Stolz. Sie können nur schwer Kritik ertragen. Und wenn sich andere von Ihnen abwenden, erleben Sie das immer als persönlichen Affront. Bleiben Sie heiter! Tragen Sie das Feuer der Freude unter die Menschen! Aber achten Sie darauf, daß Sie niemanden damit verbrennen!

Jupiter-Check
Wie habe ich Erfolg, inneres und äußeres Glück? Durch lebendige Teilnahme am Leben. Durch Großzügigkeit. Durch die Kraft der Heiterkeit.
Wie kann ich helfen und heilen? Zeigen Sie anderen das Leben, wie Sie es wahrnehmen, als nährenden Urgrund, als göttlichen Spielplatz.

Jupiter in der Jungfrau – DAS GLÜCK DER GESUNDHEIT

Jupiterstärken Engagement, Bescheidenheit
Jupiterschwächen Zersplitterung

Glück ist für Sie die einfachste Sache der Welt, es liegt vor der Tür, es muß nur gefunden und aufgehoben werden. Sie sind daher auch kein Freund großangelegter und sich ewig hinziehender Expeditionen auf der Suche nach dem Glück. Entweder es ist hier – oder nirgends. Manchmal finden Sie das Glück in der Arbeit. Es stimmt Sie völlig zufrieden, wenn Dinge passen oder richtig ineinandergefügt sind und am Schluß eine Maschine läuft oder ein bestimmtes Programm Ergebnisse liefert. Manchmal finden Sie Ihr Glück in der Ordnung: Insbesondere die Natur ist Ihnen darin ein genialer Lehrmeister. Die Folge der Jahreszeiten, das Ineinandergreifen von Phasen des Wachstums und der Stagnation – das alles ist für Sie ein Ausdruck göttlicher Ordnung, die sich in Geschehnissen am Himmel tagtäglich und jahraus, jahrein wiederholt. Auf besondere Weise faszinieren Sie aber die Vorgänge im menschlichen Körper. Dieses tagtägliche Wunder von Nahrungsaufnahme und Verwandlung in Leben, das Ineinandergreifen von Atmung und dem Schlagen des Herzens, das alles ist für Sie ein sinnhafter Beweis göttlichen Wirkens.
Ihr Wissen über die Natürlichkeit und Göttlichkeit des menschlichen Seins befähigt Sie daher zum Heiler. Dafür müssen Sie nicht gleich Arzt, Heilpraktiker oder Psychotherapeut sein. Allein durch Ihre Nähe und Ihr Bewußtsein bewirken Sie bei anderen kleine Quantensprünge. Je weiter Sie selbst sind, um so eher können Sie anderen ein Vorbild sein. Wovor Sie sich hüten müssen, ist, Ihr wertvolles Wissen zu mißbrauchen. Wirken Sie durch Ihr gutes Beispiel und nicht durch Druck und Besserwisserei!

Jupiter-Check
Wie habe ich Erfolg, inneres und äußeres Glück? Im alltäglichen Tun. In der Arbeit. Im Gefühl der Ordnung.
Wie kann ich helfen und heilen? Durch bewußte Ernährung. Durch Studium von Körper und Geist. Durch Lernen von der Natur.

Jupiter sorgt dafür, daß uns ein Licht aufgeht

Jupiter in der Waage – DAS GLÜCK DER LIEBE

Jupiterstärken Toleranz, Lebenskünstler
Jupiterschwächen Eitelkeit, Genußsucht

Glück finden Sie in der Kraft der Liebe. Sie müssen nicht einmal selbst daran unmittelbar beteiligt sein. Auch wenn andere Menschen die Liebe finden, fühlen Sie sich angenommen, zu Hause, eins mit der Schöpfung. Noch göttlicher ist es natürlich, wenn die Liebe Sie selbst betrifft ... Auf einer Wolke schweben Sie, im Paradies sind Sie, im Himmel ... Liebe ist Ihrer Meinung nach Ursprung und Ziel allen Seins. Gott ist die Liebe, und das Leben entspringt aus ihr. Der Liebe geben Sie alles. Umgekehrt beschenkt Sie die Liebe auch. Sie erhalten die Fähigkeit, andere tief zu berühren, sie zu trösten, zu erfreuen und aufzubauen. Ihre Liebe ermöglicht es Ihnen, unterschiedliche Tendenzen und Wünsche aufzunehmen und in Einklang zu bringen. Sie finden immer wieder tragfähige Kompromisse, bei denen niemand der Verlierer ist. Ihr sicheres Geschick prädestiniert Sie für viele Tätigkeiten und Berufe, bei denen es auf Vermittlerqualitäten ankommt, zum Beispiel in der Politik, wenn es darum geht, Menschen mit den unterschiedlichsten Meinungen an einen Tisch zu bringen.
Auch der Kunst gehört Ihr Herz. Allerdings zählt für Sie nur das zur Kunst, was von Liebe getragen ist und Harmonie und Stimmigkeit ausdrückt. Im Grunde genommen schlummert in Ihnen selbst ein Künstler, der darauf wartet, seine Fähigkeiten zum Fließen bringen zu können.
Wovor Sie sich hüten müssen, ist, sich von Liebe und Harmonie einlullen zu lassen. Alles im Leben hat zwei Seiten. Zur Liebe gehört Auseinandersetzung und zur Harmonie Spannung. Nur wenn Sie das Gleichgewicht zwischen Harmonie und Spannung finden, ergibt sich vollendete Liebe.

Jupiter-Check
Wie habe ich Erfolg, inneres und äußeres Glück? Indem Sie verzeihen, lieben, empfangen und geben.
Wie kann ich helfen und heilen? Allein Ihre Nähe heilt.
Ihre Berührungen sind Labsal für Körper, Seele und Geist.

Jupiter im Skorpion – DAS GLÜCK DER TIEFE

Jupiterstärken Tiefgründigkeit, Spiritualität
Jupiterschwächen Exaltiertheit, Despotentum

Glück findet sich Ihrer Meinung nach auf dem Grund aller Dinge, nicht an der Oberfläche. Dieses Wissen haben Sie mit in die Welt gebracht. Es ist die Wahrheit, die Ihnen Ihr Jupiter verkündet und die Sie Ihrerseits weiterverbreiten. Sie kennen die Höhen und Tiefen menschlicher Existenz, und Sie lassen sich nicht blenden vom sogenannten schönen Schein.
Was die Welt wirklich zusammenhält, ist der ewige Kreislauf von Zeugung, Geburt, Leben und Tod. Alles war schon immer – und alles wird immer sein ... Daher nehmen Sie sich in besonderer Weise solcher Dinge an, die ausgegrenzt wurden aus diesem ewigen Kreislauf, aber unbedingt mit dazugehören. Zum Beispiel ist für Sie der Schatten ein notwendiger Teil des Lichts. Sie fühlen sich deshalb veranlaßt, sich für Schwächere einzusetzen oder aus der Gesellschaft Ausgeschlossene zu unterstützen. Sie wissen instinktiv, daß es dem Leben schadet, wenn nicht alle seine Seiten integriert werden. In Ihnen lodert das heilende Feuer Jupiters besonders stark und leidenschaftlich. Wie Pollux einst seinem toten Bruder Kastor in die Unterwelt folgte, um bei ihm zu sein, sind Sie bereit, die größten Unannehmlichkeiten auf sich zu nehmen, damit das Leben keinen Teil verliert. Sie sind daher der geborene Retter und Heiler, unabhängig davon, ob Sie diese Gaben in einem Beruf ausüben oder sie als selbstverständlichen Beitrag in Ihren Alltag einbringen.
Wovor Sie sich allerdings hüten sollen, ist, sich über das Schicksal zu stellen oder zu versuchen, ein unangenehmes, aber wichtiges Ereignis »ungeschehen« zu machen.

Jupiter-Check
Wie habe ich Erfolg, inneres und äußeres Glück? Durch Hinterfragen, In-die-Tiefe-Gehen, Abwarten und einfach Sein.
Wie kann ich helfen und heilen? Indem Sie sich derer annehmen, die von anderen Menschen ausgegrenzt werden

Jupiter im Schützen – DAS GLÜCK DER HOFFNUNG

Jupiterstärken Idealismus, Expansion
Jupiterschwächen Schwärmerei, Naivität

Glück ist für Sie, unterwegs zu sein, auf Rädern, im Flugzeug, im Zug, auf dem Schiff. In Ihnen lebt die Geschichte aller fahrenden Völker, der Nomaden und Zigeuner, der Boten, herumziehenden Bader, Gaukler, Barden und Geschichtenerzähler. Letztlich ist es die große Suche, die Sie leitet und führt, die Suche nach dem ewigen Gral, nach Erleuchtung, nach der blauen Blume, nach der Quintessenz der Alchimie. Glaube ist für Sie Sehnsucht, Gott findet sich immer anderswo, auf dem Weg zu sein ist für Sie das Ziel.

So verbreiten Sie die Wahrheit des Vielen und nicht die des Einen. Deswegen sind Sie so tröstlich für diese Welt: Denn Sie kennen immer noch einen Weg, sehen stets eine weitere Möglichkeit. Nichts ist für Sie aussichtslos, viele Wege führen nach Rom, und kein Problem ist so groß, daß es nicht doch eine Lösung dafür gäbe.

Das Feuer, das Ihnen Jupiter in die Hände gibt, heißt »Hoffnung«, und wo immer Sie sind, keimt dieses Gut wie Samen in der Erde. Gegen Hoffnungslosigkeit, Borniertheit und Menschen, die anderen keine Chancen lassen, ziehen Sie regelrecht ins Feld. Auf Ihrem Banner stehen Gerechtigkeit und Menschenwürde, das sind Ihre fundamentalen Anliegen, für die Sie sich vehement einsetzen.

Wovor Sie sich hüten müssen, ist, das Kind mit dem Bade auszuschütten. In Ihrem heilsamen Krieg gegen die Blindheit der Menschen laufen Sie Gefahr, selbst blind und einseitig zu werden.

Jupiter-Check

Wie habe ich Erfolg, inneres und äußeres Glück? Durch die immerwährende Suche nach Sinn und Göttlichkeit.

Wie kann ich helfen und heilen? Durch Ihre hoffnungsvolle Art, Ihren Trost, Ihren Humor, Ihren Witz ...

Jupiter im Steinbock – DAS GLÜCK DES WISSENS

Jupiterstärken Führungsqualität, Ausdauer
Jupiterschwächen Lehrmeisterei

Glück ist für Sie, Ihre Arbeit getan zu haben und Ruhe und Sammlung dankbar zu genießen, ähnlich der Erde, die nach einer Phase der Dürre Regen dankbar aufnimmt. Glück ist für Sie aber auch, sich einer Sache vollständig zu verschreiben, ihr zu gehören, bis sie vollbracht ist. Darin gleichen Sie einem Bergsteiger, der nicht eher ruht, bis er auf dem Gipfel steht – und dort nach dem nächsten Ausschau hält. Sie sind daher ein Mensch, der sich selbst immer wieder antreiben und motivieren kann – nach höheren, größeren Zielen strebt.
Genauso können Sie anderen Vorbild und eine große Hilfe sein, zum Beispiel verzagten und ängstlichen Menschen. Sie sind auch eine Führungspersönlichkeit. Nicht eine, die durch große Reden andere zu beeindrucken sucht. Sie werden auch niemals andere voranschicken und selbst im Hintergrund warten. Sondern Sie gehen ihnen voraus. Um das zu leisten, was Sie sich vornehmen, brauchen Sie Kraft, Ausdauer, Zähigkeit. Daher trainieren Sie diese Eigenschaften, um sie zu verbessern.
Sie sind hart zu sich selbst, weil Sie wissen, daß Sie sich nicht schonen dürfen, wenn Sie Ihre Ziele erreichen wollen. Die gleiche Einstellung erwarten Sie allerdings auch von anderen, was manchmal dazu führt, daß diese Sie fürchten und Ihnen aus dem Weg gehen. Daher ist es für Sie wichtig zu erkennen, daß nicht alle Menschen aus dem gleichen (harten) Holz geschnitzt sind. Entwickeln Sie Geduld, Nachsicht und Toleranz für Ihre Mitmenschen, und Sie werden eines Tages den höchsten Berg bezwingen – den Berg der Weisheit.

Jupiter-Check
Wie habe ich Erfolg, inneres und äußeres Glück? Durch Arbeit und Übernahme von Verpflichtungen. Durch Demut. Durch Anstrengung und Leistung.
Wie kann ich helfen und heilen? Durch vorbildliches Verhalten. Durch richtige Führung.

Jupiter im Wassermann – DAS GLÜCK DES FORTSCHRITTS

Jupiterstärken Humanismus, Toleranz
Jupiterschwächen Autoritätskonflikte

Glück ist für Sie das Gefühl, vorwärtszuschreiten, nicht stehenzubleiben, sondern Ihren Idealen von einer besseren, gerechteren, liebevolleren Welt näherzukommen. Sie sind ein Utopist, beseelt von der Vorstellung einer Welt von morgen, in der Armut, Krankheit und anderes Leid überwunden sein werden. Und Sie unterstellen sich selbst dem Fortschritt, arbeiten für ihn, kämpfen für ihn.

Es geht Ihnen jedoch nicht allein um Ihre eigene Zukunft. Sie sind auch ein Menschenfreund, der immer an das Gute glaubt. Sie verfügen über ein großes soziales Verantwortungsbewußtsein. Und Sie suchen immer wieder nach neuen Aufgaben, bei denen Sie Schwächeren und Benachteiligten helfen können. Dabei unterstützen Sie die Eigenverantwortung und Autonomie jedes Menschen. Denn Sie wollen kein Helfer oder Missionar sein, der anderen in ihrer Not zwar hilft, sie aber in ihrer Unmündigkeit beläßt.

Ungleichheit zwischen den Menschen hassen Sie mehr als alles andere. Es fällt Ihnen daher auch schwer, unter einer straffen Hierarchie zu arbeiten und zu leben. Sie dulden keinen über, aber auch niemanden unter sich.

Das Feuer, das Ihnen Jupiter überreicht, ist die Kraft und Ihr Glaube an eine positive Zukunft. Das macht Sie für diese Welt besonders wichtig. Denn Ihrem Willen, Ihren Visionen ist es zu verdanken, daß wir uns immer weiterentwickeln und nicht stehenbleiben.

Von emotional geäußerter Kritik oder Ablehnung lassen Sie sich nicht irritieren, sondern arbeiten beharrlich an der Erreichung eines einmal gesetzten Zieles weiter.

Wovor Sie sich in acht nehmen müssen, ist, daß Sie das Alte nicht völlig verwerfen. Sie berauben sich sonst Ihrer eigenen Wurzeln. Dann ist aber auch der Fortschritt eine Illusion.

Jupiter-Check

Wie habe ich Erfolg, inneres und äußeres Glück? Durch Arbeit an einer besseren Zukunft.

Wie kann ich helfen und heilen? Durch Vermitteln von neuen Perspektiven. Durch solidarische Unterstützung. Durch Veränderung.

Jupiter in den Fischen – DAS GLÜCK DES SEINS

Jupiterstärken Liebe, Mitgefühl, Intuition
Jupiterschwächen »Helfersyndrom«

Glück bedeutet für Sie, eins zu sein mit der Schöpfung, so wie ein Tropfen, der ins Meer fällt, im Meer eins wird mit dem Ganzen. Ihr Leben richtet sich vollkommen nach dem Ideal der Selbstlosigkeit und dem Zurückstellen eigener Bedürfnisse hinter das Wohlergehen des größeren Ganzen.

Ihr Engagement für eine bessere, humanere, liebevollere Welt macht auch vor eigenen Konsequenzen nicht halt, und es kann sein, daß Sie, weil Sie beispielsweise Tiere als beseelt betrachten, kein Fleisch mehr essen. In besonderer Weise gilt Ihr Schutz all jenen, die selbst nicht in der Lage sind, sich zu schützen: Kindern, Kranken oder auch Tieren. Soziales Engagement ist für Sie kein Schlagwort, sondern ein selbstverständlicher Teil des Lebens.

Ihr Jupiter macht Sie sensibel für Ungerechtigkeit und Lieblosigkeit; und er schenkt Ihnen die Kraft und Fähigkeit, entsprechende Mißstände zu mildern. Sei es, daß Sie ein Arzt oder ein Krankenpfleger werden oder einer Umweltorganisation beitreten. Jupiter verleiht Ihnen eine besondere Magie, die Leid und Traurigkeit auflöst. Sie tun aber auch gut daran, diese besondere Fähigkeit weiterzuentwickeln, indem Sie Heilpraktiker werden oder sich mit Dingen beschäftigen, die Ihre Neigungen fördern.

Da Sie Ihre Aufmerksamkeit oft auf ferne Ideale legen, welche für Sie auch mit tiefempfundenen Gefühlen verbunden sind, macht Ihnen die Bewältigung des Naheliegenden und der Umgang mit der unmittelbaren, konkreten Wirklichkeit mitunter etwas Mühe. Des weiteren ist es wichtig, daß Sie sich als Helfer nicht mißbrauchen lassen. Sie sollten daran arbeiten, sich deutlicher abgrenzen zu können.

Jupiter-Check

Wie habe ich Erfolg, inneres und äußeres Glück? Durch Hingabe an das, was ist. Durch Liebe des Ganzen.

Wie kann ich helfen und heilen? Sie besitzen große heilerische Fähigkeiten, die Sie nur zum Fließen bringen müssen.

Teil III DIE ZUKUNFT

Seni: Nur noch die Venus laß mich
Betrachten, Hoheit! Eben geht sie auf.
Wie eine Sonne glänzt sie in dem Osten.
Wallenstein: Ja, sie ist jetzt in ihrer Erdennäh'
Und wirkt herab mit allen ihren Stärken.
Glückseliger Aspekt! So stellt sich endlich
Die große Drei verhängnisvoll zusammen.
Und beide Segenssterne, Jupiter
Und Venus, nehmen den verderblichen,
Den tück'schen Mars in ihre Mitte, zwingen
Den alten Schadenstifter, mir zu dienen.
Denn lange war er feindlich mir gesinnt …
Und störte ihre segensvollen Kräfte.
Jetzt haben sie den alten Feind besiegt
Und bringen ihn am Himmel mir gefangen.

Friedrich von Schiller

WAS BRINGT MIR DAS JAHR 2000?

Auf den folgenden Seiten erfahren Sie »Ihre ganz persönlichen Sterne« für das Jahr 2000, und zwar Monat für Monat.
Ein Geburtshoroskop, man nennt es auch »Radix-(Wurzel-)Horoskop«, ist so etwas wie die Momentaufnahme des Himmels zum Zeitpunkt einer Geburt. Diese, so läßt sich bildhaft sagen, wird dem Individuum wie ein Stempel aufgedrückt und gibt Aufschlüsse über sein Leben. Aber der Himmel mit seinen Planeten bleibt ja nicht »stehen«. Er bewegt sich weiter wie ein präzises Uhrwerk. Diese Bewegung der Himmelskörper in Beziehung zu einer bestimmten Geburtskonstellation (dem Radix) nennt man in der Astrologie »Transite«. Sie stellen sozusagen den beweglichen und veränderlichen Teil in der Astrologie dar. Entsprechend der Beziehung der Transitplaneten zu den Radixplaneten lassen sich für jeden beliebigen Zeitraum Schlußfolgerungen treffen.
Auf den folgenden Seiten finden Sie Vorhersagen, die, unter Zugrundelegung Ihres Tierkreiszeichens und bestimmter Planetenbewegungen im Jahr 2000, berechnet und in Form von Kurven dargestellt wurden. Sie berücksichtigen nur das Sternzeichen (Sonnenstand) an und für sich und nicht Ihren taggenauen Geburtstag. Daher kann es sich bei den Kurven und den Interpretationen nur um Tendenzen handeln. Darüber hinaus haben gewisse Gestirnskonstellationen in bestimmten Zeiträumen für mehrere Tierkreiszeichen eine ähnliche bzw. fast gleiche Bedeutung, weshalb Sie auch hier in den verschiedenen Bänden dieser Buchreihe manchmal vergleichbare Aussagen finden (siehe die Vorbemerkung am Anfang von Teil II dieses Buches).
Die dicke schwarze Linie bezieht sich auf Ihre »Karriere«, das heißt darauf, wie leicht es Ihnen gelingt, im Beruf vorwärtszukommen, oder mit welchen Schwierigkeiten Sie rechnen müssen.
Die dicke graue Linie bezieht sich auf die Liebe, das heißt darauf, wie stark Ihre Gefühle für andere sind, wann Sie lieber zu zweit und wann Sie eher allein sein möchten, ob Ihre Ausstrahlung »stimmt« und ob Sie Chancen bei einem potentiellen Partner haben.
Die gepunktete Linie bezieht sich auf Ihre Gesundheit und Fitneß, das heißt, sie beschreibt Phasen der Stärke und Dynamik und genauso solche, in denen Sie eher schlaff und müde sind.

Für die Jahre 2001 und 2002 wird dieses Buch voraussichtlich jeweils mit völlig überarbeiteten und auf das jeweilige Jahr aktualisierten Prognosen erscheinen, mit Texten und Kurven, wie sie auch in diesem Buch zu finden sind.

Mondplaner und Mondpausen

Des weiteren finden Sie für jeden Monat einen Mondkalender. Der Mond durchwandert auf seiner Reise um die Erde in etwa einem Monat sämtliche zwölf Tierkreiszeichen. Er verweilt also in jedem einzelnen ungefähr zweieinhalb Tage. Dieser jeweilige Aufenthalt bedingt spezifische Sachverhalte, die dann für alle Menschen in gleicher Weise Bedeutung haben. Wenn der Mond zum Beispiel im Tierkreiszeichen Widder steht, spürt jeder mehr Dynamik, entwickelt mehr Initiativen, als wenn der Mond etwa im Tierkreiszeichen Krebs steht. Dafür sind die Menschen nun eher gefühlvoll, häuslich und introvertiert. Es lassen sich also aus der Stellung des Mondes bestimmte Rückschlüsse auf das Verhalten und Erleben ziehen. Der Mondkundige richtet sich nach diesen Mondphasen und gibt sich zum Beispiel bei einem Widdermond betont aktiv und führt besonders kraftraubende Unternehmungen durch, während er sich bei einem Krebsmond eher zurückhält und sein Familienleben pflegt. So gesehen, stellt der Lauf des Mondes einen Kalender mit praktischen Anleitungen dar, die hilfreich und nützlich sind.
Nun gibt es noch eine Besonderheit. Bevor der Mond ein Zeichen verläßt und in das neue eintritt, durchwandert er eine Spanne, in der er ohne Kraft ist. Flapsig könnte man sagen, der Mond hat seinen »Job« in einem bestimmten Abschnitt getan und macht jetzt Pause, sammelt Kräfte, »relaxt«, um sich auf eine neue Aufgabe im neuen Tierkreiszeichen vorzubereiten. Diese Spanne nennt man »Mondpause«. Sie ist unterschiedlich lang. Sie kann wenige Minuten betragen und länger als ein ganzer Tag sein. Die unterschiedliche Länge ergibt sich aus dem Zusammenspiel mit den anderen Gestirnen am Himmel. In den folgenden Mondplanern sind sämtliche Mondpausen im Jahr 2000 berechnet. Sie haben damit die Chance, Ihre gesamten Vorhaben unter Berücksichtigung aller wichtigen Mondphasen und -pausen zu planen und zu gestalten.

Die Mondpausen haben folgende praktische Bedeutung:

- Angelegenheiten, die während einer Mondpause begonnen wurden, haben keinen Bestand und erreichen schwer ihr Ziel.
- Unterschriften, Verträge und Abmachungen während einer Mondpause haben weniger Gültigkeit.
- Anschaffungen, die während einer Mondpause getätigt werden, sind mangelhaft, reparaturanfällig, unbrauchbar oder zu teuer.
- Reisen, die zur Zeit einer Mondpause begonnen werden, bringen mehr Ärger und unangenehme Überraschungen.

Soweit die negativen Folgen einer Mondpause. Es existieren aber auch positive. So begünstigt eine Mondpause tatsächlich das Pausieren, Entspannen und Auftanken. Auch alle Liebesangelegenheiten, sofern sie einem entspannten und fröhlichen Gemüt entspringen, gelingen unter einer Mondpause wunderbar.
Menschen, die während einer Mondpause auf die Welt kommen, sind ihr ganzes Leben hindurch entspannter, gemütlicher, fröhlicher und brauchen mehr Kraft als andere, um Streß zu bewältigen. Anders gesagt, benötigen solche Menschen mehr Pausen, haben dafür aber eine kürzere Regenerationszeit.
Noch etwas: Weil bestimmte Angelegenheiten unter einer Mondpause schlechter gelingen, kann man diese »Negativität« auch für sich nutzbar machen. Will man zum Beispiel einen aufdringlichen Liebhaber oder Geschäftspartner loswerden, so vereinbare man am besten ein Treffen zu einer Mondpause …
Zu guter Letzt: Die Aussagen des Mondplaners und die Tendenzen für Karriere, Liebe und Gesundheit können sich widersprechen. Man muß also auch hier bei wichtigen Entschlüssen immer sämtliche astrologische Konstellationen miteinander vergleichen und unter Umständen einen Kompromiß schließen.

Nicht ein Flügelschlag ging durch die Welt,
Still und blendend lag der weiße Schnee.
Nicht ein Wölklein hing am Sternenzelt,
Keine Welle schlug im starren See.

Aus der Tiefe stieg der Seebaum auf,
Bis sein Wipfel in dem Eis gefror;
An den Ästen klomm die Nix' herauf,
Schaute durch das grüne Eis empor.

Auf dem dünnen Glase stand ich da,
Das die schwarze Tiefe von mir schied;
Dicht ich unter meinen Füßen sah
Ihre weiße Schönheit Glied um Glied.

Mit ersticktem Jammer tastet' sie
An der harten Decke her und hin,
Ich vergess' das dunkle Antlitz nie,
Immer, immer liegt es mir im Sinn!

Gottfried Keller

Karriere Während der ersten drei Wochen befinden sich Sonne und Merkur im Erdzeichen Steinbock. Das ist für Ihre Karriere äußerst günstig. Die Erdenergie verleiht Ihnen Sicherheit. Ihr Wirken findet ein konkretes Ziel und eine Aufgabe. Daran können Sie wachsen und Ihr Können unter Beweis stellen. Von den Sternen kommt noch der Hinweis, daß Sie jetzt nichts im Alleingang unternehmen sollten. Als Fischegeborener neigen Sie zwar zum Einzelgänger, aber Sie haben doch auch sagenhafte Antennen für die Belange anderer. Sie sind unparteiisch, und genau das macht Sie in jedem Team so überaus wertvoll. Wo Sie mitwirken, herrscht von vornherein ein Arbeitsklima, in dem jeder Zufriedenheit findet. Während der letzten Januartage verrät Ihre niedrige Karrierelinie Funkstille im Busineß.
Günstige Tage für Geschäfte, Unterschriften, Vorsprachen: 8., 10.–12., 19.
Tage, an denen nichts richtig gelingt: 25.–31.

Liebe Die Liebe beginnt stark: Sie und Ihr Partner – ein Herz und eine Seele. Ungefähr ab dem 6. sinkt Ihre Lust an der Lust. Einzig und allein Ihrer Karriere gilt Ihre Liebe. Im Einzelfall kommt es zu Zerwürfnissen. Die Zeit um die Monatsmitte verbringen Sie am liebsten allein oder höchstens mit einem Menschen, der weiß, daß Sie zuweilen Ihre Rückzugsmöglichkeit brauchen. Am 24. überschreitet Ihre Liebeslinie die 75-Prozent-Marke. Damit schlägt auch Ihr Herz wieder schneller. Ob Sie frisch verliebt sind?
Plustage für die Liebe: 25., 27., 28., 30.
Minustage für die Liebe: 14.–19.

Gesundheit Den ganzen Januar über geht es Ihnen fitneßmäßig toll. Ihr Abwehrsystem stimmt. Die Grippeviren haben keine Chance. Sie sind fit, aktiv und dynamisch. Sie können also ohne Probleme karrieremäßig lospowern, abends einem anstrengenden Hobby nachgehen und sich am Wochenende bei einer alpinen Langlauf»rallye« den ersten Platz holen. Lediglich um den Neumond (er findet am 6. statt) sollten Sie sich schonen und mit extremen Leistungen zurückhalten.
Besondere Vorsicht am: 5.–7.

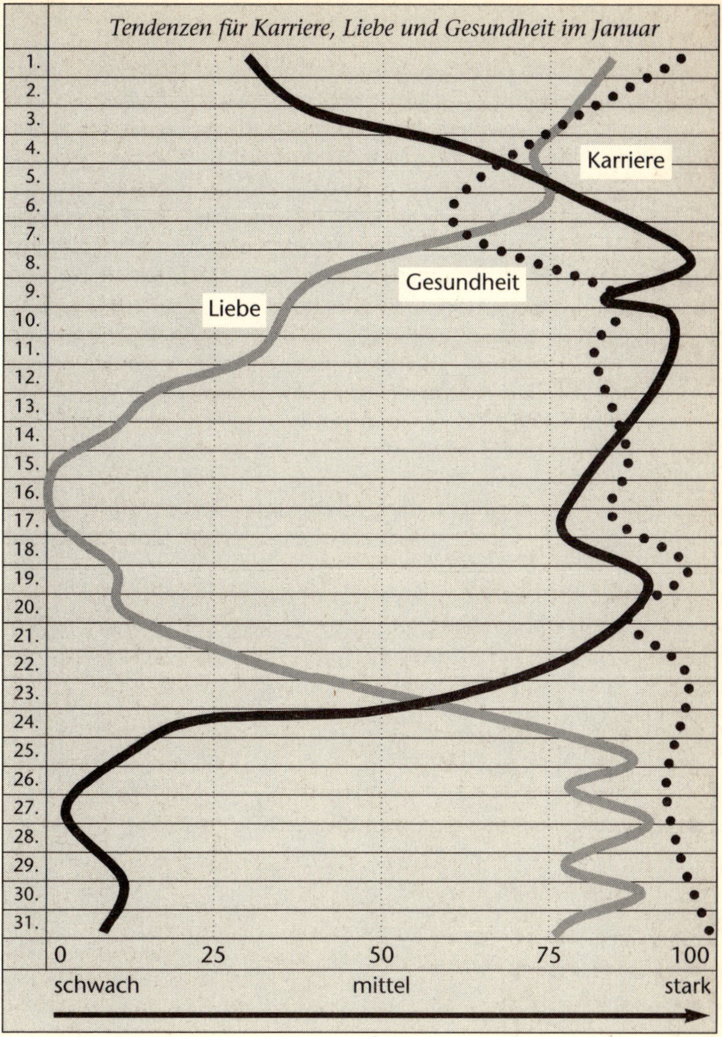
Tendenzen für Karriere, Liebe und Gesundheit im Januar
1.
2.
3.
4.
5.
6.
7.
8.
9.
10.
11.
12.
13.
14.
15.
16.
17.
18.
19.
20.
21.
22.
23.
24.
25.
26.
27.
28.
29.
30.
31.
Karriere
Gesundheit
Liebe
0
25
50
75
100
schwach
mittel
stark

Mondplaner Januar

1./0.00 Mond im Skorpion: *Günstig für Verbindung, Vereinigung, Mitgefühl. Ungünstig für Trennung.* **2.**/20.30 **Mondpause.** **2.**/22.35 Mond im Schützen: *Günstig für Reisen, geistiges Schaffen. Ungünstig für praktisches, detailgenaues Arbeiten.* **5.**/2.05 **Mondpause.** **5.**/11.20 Mond im Steinbock: *Günstig für berufliche Vorstöße und offizielle, auch bürokratische Schritte. Ungünstig für persönliche Wunschbefriedigung.* **7.**/15.00 **Mondpause.** **7.**/23.53 Mond im Wassermann: *Günstig für Veränderungen und Verlassen eingefahrener Geleise. »Freundschaftsmond«. Ungünstig für Routine.* **10.**/2.41 **Mondpause.** **10.**/11.00 Mond in den Fischen: *Günstig für Rückzug, Alleinsein, Meditation, Muße und Beschaulichkeit. Ungünstig für Streß und Verpflichtung.* **12.**/3.22 **Mondpause.** **12.**/19.48 Mond im Widder: *Günstig für Aktivität, Durchsetzung, Neubeginn. Ungünstig für Untätigkeit, Unterordnung.* **14.**/18.47 **Mondpause.** **15.**/1.38 Mond im Stier: *Günstig für Beruhigung, Festsetzung, alle finanziellen Schritte, Sinnlichkeit. Ungünstig für Veränderung.* **16.**/22.50 **Mondpause.** **17.**/4.25 Mond in den Zwillingen: *Günstig für Gespräche, Kontakte, Auftreten. Ungünstig für Konzentration, Stille.* **18.**/23.21 **Mondpause.** **19.**/5.00 Mond im Krebs: *Günstig für emotionale Belange, Familienangelegenheiten, Häuslichkeit. Ungünstig für Trennung, sachlich-trocken-genaues Arbeiten.* **20.**/23.37 **Mondpause.** **21.**/4.59 Mond im Löwen: *Günstig für Kunst, Feiern, Einkaufen, alle repräsentativen Schritte. Ungünstig für Sparsamkeit, Verzicht.* **23.**/2.30 **Mondpause.** **23.**/6.08 Mond in der Jungfrau: *Günstig für Arbeiten, Ordnungschaffen, gesundheitliche Maßnahmen. Ungünstig für Ich-Durchsetzung, Gefühlsbelange.* **24.**/8.48 **Mondpause.** **25.**/10.10 Mond in der Waage: *Günstig für Liebe und Partnerschaft, Kunst und Kultur. Ungünstig für Entscheidungen.* **27.**/13.00 **Mondpause.** **27.**/18.02 Mond im Skorpion: *Günstig für Verbindung, Vereinigung, Mitgefühl. Ungünstig für Trennung.* **29.**/8.11 **Mondpause.** **30.**/5.18 Mond im Schützen: *Günstig für Reisen, geistiges Schaffen. Ungünstig für praktisches, detailgenaues Arbeiten.*

Härte schwand. Auf einmal legt sich Schonung
an der Wiesen aufgedecktes Grau.
Kleine Wasser ändern die Betonung.
Zärtlichkeiten, ungenau,

greifen nach der Erde aus dem Raum,
Wege gehen weit ins Land und zeigen's.
Unvermutet siehst du seines Steigens
Ausdruck in dem leeren Baum.

Rainer Maria Rilke

Karriere Die Sonne befindet sich im Wassermann und damit nur noch ein einziges Tierkreiszeichen von dem Ihrigen entfernt. In dieser Position »schwächelt« die Sonne. Sie hat sich – bildlich gesprochen – auf ihrer Reise durch den Tierkreis verausgabt und tankt jetzt auf. Entsprechend mickrig sind die positiven Erlebnisse in Ihrem Busineß. Ab dem 5. wird es etwas besser. Planet Merkur, zuständig für Kontakte und Geschäfte, weilt jetzt in Ihrem Tierkreiszeichen Fische. Aber richtig stark wird es erst ab dem 20. Nun haben Sie neben Merkur auch die Sonne in günstiger Position. Jetzt kommen Sie an, es steigt Ihre Erfolgsquote, man fragt Sie, den Fischegeborenen, um Rat und sucht Ihre Nähe auf. Am schönsten ist, daß Ihre Intuition funktioniert. Was Ihnen Ihre innere Stimme rät, das ist jetzt genau richtig. Sie können sich hundertprozentig darauf verlassen.
Günstige Tage für Geschäfte, Unterschriften, Vorsprachen: 20., 24.–29.
Tage, an denen nichts richtig gelingt: 2.–5.

Liebe Alles spricht dafür, daß Sie im Februar einen wunderbaren Freund an Ihrer Seite haben. Das kann Ihr Partner sein, mit dem Sie gerade toll harmonieren. Aber auch jemand aus Ihrem Freundeskreis vermag diese Rolle einzunehmen. Es ist auch möglich, daß ein(e) Neue(r) in Ihr Leben tritt, den/die Sie gleich voll in Ihr Herz schließen. Ob daraus sofort eine neue Leidenschaft wird, steht noch in den Sternen und wird frühestens Mitte März entschieden. Ab dem 19. »lockt« wieder die Einsamkeit.
Plustage für die Liebe: 6., 9., 10., 17.
Minustage für die Liebe: 23., 27.–29.

Gesundheit Noch bis zum 12. des Monats sind Sie fitneßmäßig Spitze. Dann vollzieht Ihre gepunktete Linie einen scharfen Knick nach unten. Entsprechend geht Ihnen »die Luft aus«. Jetzt müssen Sie sich zurückhalten, nicht übernehmen und vor allem nicht provozieren lassen. Also bitte keine Wettfahrten am Steilhang und kein endloses Tennismatch! Das ist deswegen so schwer einzuhalten, weil alle Welt um Sie herum powert, auf Konkurrenz macht und Sie obendrein einen Schwächling heißt, weil Sie vernünftig sind und sich zurückhalten.
Besondere Vorsicht am: 19., 23., 24., 29.

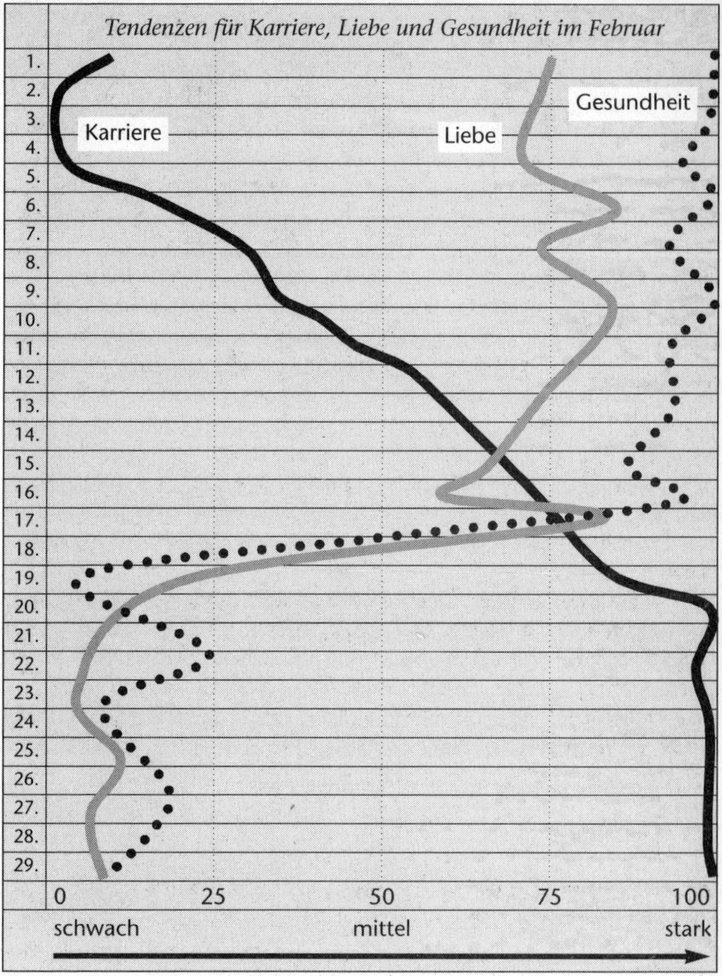
Tendenzen für Karriere, Liebe und Gesundheit im Februar
1.
2.
3.
4.
5.
6.
7.
8.
9.
10.
11.
12.
13.
14.
15.
16.
17.
18.
19.
20.
21.
22.
23.
24.
25.
26.
27.
28.
29.
Karriere
Liebe
Gesundheit
0
25
50
75
100
schwach
mittel
stark

Mondplaner Februar

1./0.00 Mond im Schützen: *Günstig für Reisen, geistiges Schaffen. Ungünstig für praktisches, detailgenaues Arbeiten.* 1./14.08 **Mondpause.** 1./18.10 Mond im Steinbock: *Günstig für berufliche Vorstöße und offizielle, auch bürokratische Schritte. Ungünstig für persönliche Wunschbefriedigung.* **4.**/3.16 **Mondpause.** **4.**/6.31 Mond im Wassermann: *Günstig für Veränderungen und Verlassen eingefahrener Geleise. »Freundschaftsmond«. Ungünstig für Routine.* **6.**/14.34 **Mondpause.** **6.**/17.02 Mond in den Fischen: *Günstig für Rückzug, Alleinsein, Meditation, Muße und Beschaulichkeit. Ungünstig für Streß und Verpflichtung.* **8.**/20.46 **Mondpause.** **9.**/1.18 Mond im Widder: *Günstig für Aktivität, Durchsetzung, Neubeginn. Ungünstig für Untätigkeit, Unterordnung.* **11.**/6.19 **Mondpause.** **11.**/7.21 Mond im Stier: *Günstig für Beruhigung, Festsetzung, alle finanziellen Schritte, Sinnlichkeit. Ungünstig für Veränderung.* **13.**/0.22 **Mondpause.** **13.**/11.24 Mond in den Zwillingen: *Günstig für Gespräche, Kontakte, Auftreten. Ungünstig für Konzentration, Stille.* **15.**/7.52 **Mondpause.** **15.**/13.46 Mond im Krebs: *Günstig für emotionale Belange, Familienangelegenheiten, Häuslichkeit. Ungünstig für Trennung, sachlich-trocken-genaues Arbeiten.* **17.**/13.52 **Mondpause.** **17.**/15.12 Mond im Löwen: *Günstig für Kunst, Feiern, Einkaufen, alle repräsentativen Schritte. Ungünstig für Sparsamkeit, Verzicht.* **18.**/20.06 **Mondpause.** **19.**/16.54 Mond in der Jungfrau: *Günstig für Arbeiten, Ordnungschaffen, gesundheitliche Maßnahmen. Ungünstig für Ich-Durchsetzung, Gefühlsbelange.* **20.**/21.59 **Mondpause.** **21.**/20.21 Mond in der Waage: *Günstig für Liebe und Partnerschaft, Kunst und Kultur. Ungünstig für Entscheidungen.* **23.**/4.15 **Mondpause.** **24.**/2.58 Mond im Skorpion: *Günstig für Verbindung, Vereinigung, Mitgefühl. Ungünstig für Trennung.* **25.**/13.18 **Mondpause.** **26.**/13.10 Mond im Schützen: *Günstig für Reisen, geistiges Schaffen. Ungünstig für praktisches, detailgenaues Arbeiten.* **28.**/1.28 **Mondpause.** **29.**/1.46 Mond im Steinbock: *Günstig für berufliche Vorstöße und offizielle, auch bürokratische Schritte. Ungünstig für persönliche Wunschbefriedigung.*

Es sind nicht die bunten Farben, die lustigen Töne und die warme Luft, die uns im Frühling so begeistern. Es ist der stille, weissagende Geist unendlicher Hoffnungen, ein Vorgefühl vieler frohen Tage, des gedeihlichen Daseins so mannigfaltiger Naturen, die Ahndung höherer, ewiger Blüten und Früchte und die dunkle Sympathie mit der gesellig sich entfaltenden Welt.

Novalis

Karriere Der März wird großartig! Sonne und Merkur, zuständig für Kommunikation und Busineß, stehen in Ihrem Tierkreiszeichen Fische. Damit stimmt die Energie. Damit haben Sie das Sagen. Damit tanzt alles nach Ihrer Pfeife. Und Sie müssen sich nicht einmal groß anstrengen. Es ist einfach so, daß man Ihnen und Ihren Ideen vertraut. Als einzige Einschränkung gilt, daß Merkur noch bis zum 15. rückwärts läuft. Damit gehen auch Ihre Geschäfte langsam, scheinen sogar zuweilen völlig stehenzubleiben. Und wieder sind Sie es, der/die die Sicherheit ausstrahlt, daß diese Stagnation nur vorübergehend ist. So verbreiten Sie Ruhe und Gelassenheit – und die braucht es dringend. Ab dem 17. haben Sie Bombenkarrieresterne. Irgend etwas klappt, worauf Sie schon lange aus waren und was Sie sehr stolz macht.
Günstige Tage für Geschäfte, Unterschriften, Vorsprachen: 1.–4., 17.–25.
Tage, an denen nichts richtig gelingt: 15., 16., 29.–31.

Liebe Am 13. passiert etwas Wunderbares für Sie. Der Liebesplanet Venus überschreitet die Schwelle zu Ihrem Tierkreiszeichen Fische und bleibt dort bis in den April hinein. In diesen Tagen und Wochen sind Sie Miss Love bzw. der Champion bei Eros und Erotik. Solange Venus in Ihrem Zeichen bleibt, können Sie sich frisch verlieben, heiraten, eine Familie gründen. Sie können aber auch mit Ihrem bisherigen Partner eine neue gemeinsame Runde einläuten. Mit ihm ist es jetzt so schön, als hätten Sie sich gerade frisch verliebt!
Plustage für die Liebe: 17.–20., 23.–31.
Minustage für die Liebe: 4., 9., 10.

Gesundheit Bis zum 18. krebst Ihre Fitneßlinie im Keller. Entsprechend schwach sind Sie selbst auf der Brust. Und ebenso leicht haben es die Grippeviren, über Sie herzufallen. Die Sterne raten zu einem Gesundheitsprogramm mit viel Vitaminen, noch mehr Flüssigkeit, zum Saunabesuch zweimal wöchentlich und zu regelmäßiger Bewegung an der frischen Luft oder in einem Fitneßstudio. Ab dem 20. sind Sie stark, gesund, widerstandsfähig, mit einem Wort: fit!
Besondere Vorsicht am: 5., 10., 11., 14.

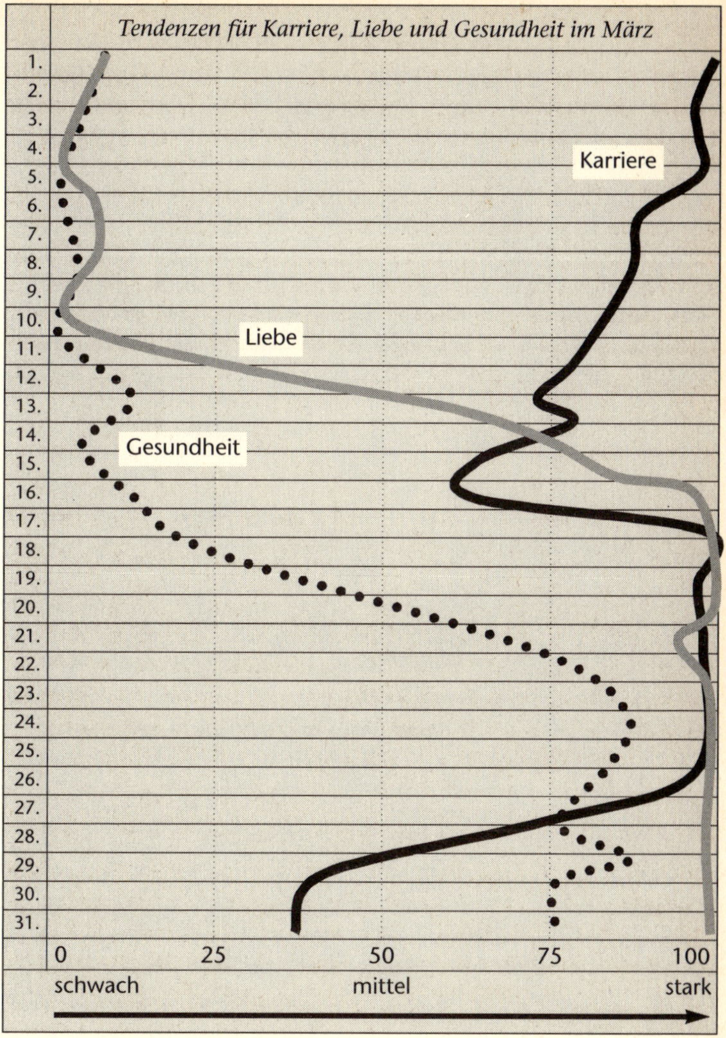
Tendenzen für Karriere, Liebe und Gesundheit im März
1.
2.
3.
4.
5.
6.
7.
8.
9.
10.
11.
12.
13.
14.
15.
16.
17.
18.
19.
20.
21.
22.
23.
24.
25.
26.
27.
28.
29.
30.
31.
Karriere
Liebe
Gesundheit
0
25
50
75
100
schwach
mittel
stark

Mondplaner März

1./0.00 Mond im Steinbock: *Günstig für berufliche Vorstöße und offizielle, auch bürokratische Schritte. Ungünstig für persönliche Wunschbefriedigung.* **1.**/5.38 **Mondpause.** **2.**/14.14 Mond im Wassermann: *Günstig für Veränderungen und Verlassen eingefahrener Geleise. »Freundschaftsmond«. Ungünstig für Routine.* **4.**/2.12 **Mondpause.** **5.**/0.30 Mond in den Fischen: *Günstig für Rückzug, Alleinsein, Meditation, Muße und Beschaulichkeit. Ungünstig für Streß und Verpflichtung.* **6.**/6.17 **Mondpause.** **7.**/7.55 Mond im Widder: *Günstig für Aktivität, Durchsetzung, Neubeginn. Ungünstig für Untätigkeit, Unterordnung.* **9.**/3.35 **Mondpause.** **9.**/13.02 Mond im Stier: *Günstig für Beruhigung, Festsetzung, alle finanziellen Schritte, Sinnlichkeit. Ungünstig für Veränderung.* **11.**/12.32 **Mondpause.** **11.**/16.46 Mond in den Zwillingen: *Günstig für Gespräche, Kontakte, Auftreten. Ungünstig für Konzentration, Stille.* **13.**/7.59 **Mondpause.** **13.**/19.52 Mond im Krebs: *Günstig für emotionale Belange, Familienangelegenheiten, Häuslichkeit. Ungünstig für Trennung, sachlich- trockengenaues Arbeiten.* **15.**/14.43 **Mondpause.** **15.**/22.43 Mond im Löwen: *Günstig für Kunst, Feiern, Einkaufen, alle repräsentativen Schritte. Ungünstig für Sparsamkeit, Verzicht.* **17.**/19.07 **Mondpause.** **18.**/1.49 Mond in der Jungfrau: *Günstig für Arbeiten, Ordnungschaffen, gesundheitliche Maßnahmen. Ungünstig für Ich-Durchsetzung, Gefühlsbelange.* **20.**/5.44 **Mondpause.** **20.**/5.57 Mond in der Waage: *Günstig für Liebe und Partnerschaft, Kunst und Kultur. Ungünstig für Entscheidungen.* **22.**/11.26 **Mondpause.** **22.**/12.17 Mond im Skorpion: *Günstig für Verbindung, Vereinigung, Mitgefühl. Ungünstig für Trennung.* **24.**/0.53 **Mondpause.** **24.**/21.43 Mond im Schützen: *Günstig für Reisen, geistiges Schaffen. Ungünstig für praktisches, detailgenaues Arbeiten.* **26.**/13.27 **Mondpause.** **27.**/10.51 Mond im Steinbock: *Günstig für berufliche Vorstöße und offizielle, auch bürokratische Schritte. Ungünstig für persönliche Wunschbefriedigung.* **29.**/1.44 **Mondpause.** **29.**/23.35 Mond im Wassermann: *Günstig für Veränderungen und Verlassen eingefahrener Geleise. »Freundschaftsmond«. Ungünstig für Routine.* **31.**/14.20 **Mondpause.**

(Ab 26. 3./2.00 Uhr Sommerzeit.)

In grünen Wiesen steht ein kleiner Hain
Von weißen Birken, die zum Lichte steigen.
Das erste Hellgrün auf den schwanken Zweigen –
Wie eine Wolke, wie ein Haar so fein.

Die weißen Wolken wachsen in die Luft
Wie Berge grundlos, aus dem Blau der Seen
In Licht gelöst, die waldgen Ufer stehen.
Wo dämmrig ruht des Schattens blauer Duft.

Georg Heym

Karriere In den ersten zwei Wochen herrscht um Sie herum eine irre Hektik. Aber – und dies berührt Sie zuweilen selbst ganz eigenartig –: Das alles ficht Sie gar nicht an! Sie gehen ruhig und zentriert Ihres Weges. Und das ist gut so! Jetzt loszupowern würde Ihnen nichts einbringen. Im Gegenteil: Sie könnten sich durch eine unüberlegte Handlung selber schaden. Mit dem Anstieg Ihrer Karrierelinie um die Monatsmitte erwacht auch Ihr Interesse, beruflich wieder mitzumischen. Und Sie haben auch jetzt recht! Es beginnt nun eine Ihrer besten Phasen, in der Ihr Wirken unmittelbare Erfolge zeitigt. Auf allem, was Sie tun, liegt der Segen der Gestirne. Vorhaben, die Sie schon seit längerem in Angriff nehmen wollen, können jetzt starten, und Sie haben die allerbesten Chancen für eine erfolgreiche Zukunft. Was Sie selbst am meisten erstaunt, ist, daß sich Ihre Unsicherheit, die Sie eigentlich immer irgendwie verfolgt, aufgelöst hat.
Günstige Tage für Geschäfte, Unterschriften, Vorsprachen: 21., 22., 28., 30.
Tage, an denen nichts richtig gelingt: 3., 8., 9., 13., 14.

Liebe Noch bis zum 6. schweben Sie im siebten Himmel. So lange bleibt Ihnen die Göttin der Liebe, Venus, treu. Dann nimmt sie wieder Abschied von Ihnen, und Sie werden ihr nachtrauern, voller Dankbarkeit und voller Liebe im Herzen. Aber dann finden Sie sich auch wieder ohne amore und enge Zweisamkeit prima zurecht. Das bedeutet nicht unbedingt, daß Sie gleich allein leben wollen. Aber Ihre Rückzugsmöglichkeit brauchen Sie! Zuviel Gemeinschaft macht Sie nervös.
Plustage für die Liebe: 1.–6.
Minustage für die Liebe: 17., 20., 21., 24.

Gesundheit Fitter geht's nicht! Vom 4. bis zum 10. sind Sie, wenn schon Fisch, ein Wal oder gleich ein Hai! Danach geht es dann direkt zur Sache, und Sie müssen zeigen, was Sie draufhaben. Hindernisse so groß wie ein Berg stellen sich Ihnen in den Weg. Aber, und das merken Sie selbst, es geht »um die Wurscht« – wie die Bayern sagen. Schlappmachen gilt deshalb nicht! Also, »pack ma's!« – und auch das kommt aus Bayern.
Besondere Vorsicht am: 14.–17., 20., 21.

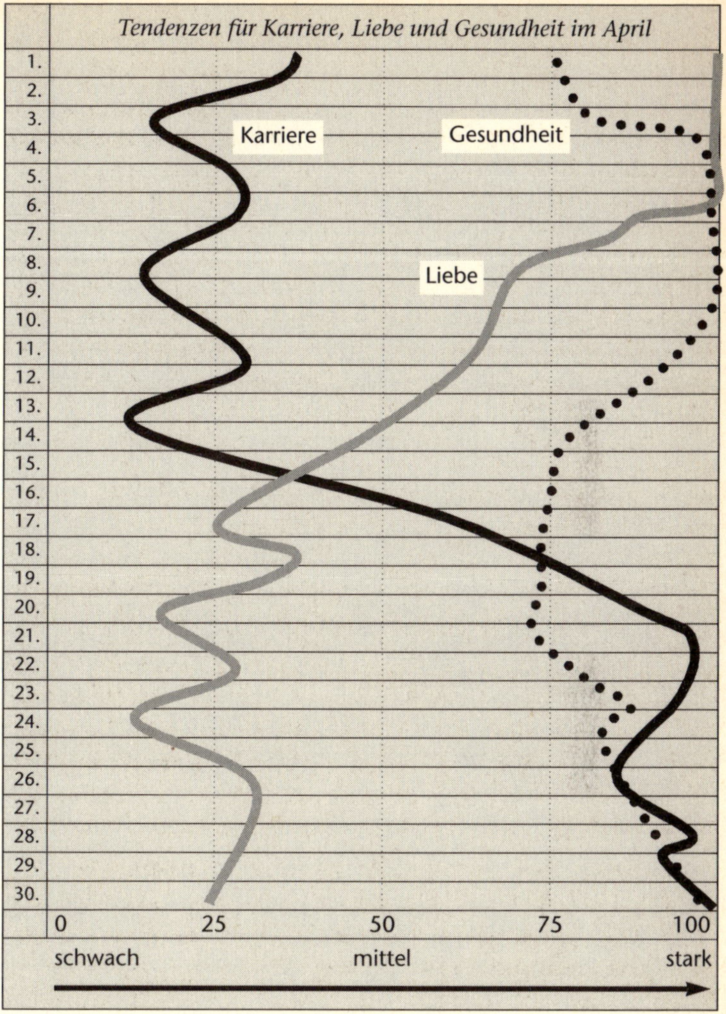
Tendenzen für Karriere, Liebe und Gesundheit im April
1.
2.
3.
4.
5.
6.
7.
8.
9.
10.
11.
12.
13.
14.
15.
16.
17.
18.
19.
20.
21.
22.
23.
24.
25.
26.
27.
28.
29.
30.
Karriere
Gesundheit
Liebe
0
25
50
75
100
schwach
mittel
stark

Mondplaner April

1./0.00 **Mondpause. 1.**/10.13 Mond in den Fischen: *Günstig für Rückzug, Alleinsein, Meditation, Muße und Beschaulichkeit. Ungünstig für Streß und Verpflichtung.* **3.**/9.45 **Mondpause. 3.**/17.22 Mond im Widder: *Günstig für Aktivität, Durchsetzung, Neubeginn. Ungünstig für Untätigkeit, Unterordnung.* **5.**/4.04 **Mondpause. 5.**/21.29 Mond im Stier: *Günstig für Beruhigung, Festsetzung, alle finanziellen Schritte, Sinnlichkeit. Ungünstig für Veränderung.* **7.**/10.25 **Mondpause. 7.**/23.58 Mond in den Zwillingen: *Günstig für Gespräche, Kontakte, Auftreten. Ungünstig für Konzentration, Stille.* **9.**/18.01 **Mondpause. 10.**/2.16 Mond im Krebs: *Günstig für emotionale Belange, Familienangelegenheiten, Häuslichkeit. Ungünstig für Trennung, sachlich-trocken-genaues Arbeiten.* **12.**/2.44 **Mondpause. 12.**/5.16 Mond im Löwen: *Günstig für Kunst, Feiern, Einkaufen, alle repräsentativen Schritte. Ungünstig für Sparsamkeit, Verzicht.* **13.**/23.14 **Mondpause. 14.**/9.19 Mond in der Jungfrau: *Günstig für Arbeiten, Ordnungschaffen, gesundheitliche Maßnahmen. Ungünstig für Ich-Durchsetzung, Gefühlsbelange.* **15.**/15.45 **Mondpause. 16.**/14.36 Mond in der Waage: *Günstig für Liebe und Partnerschaft, Kunst und Kultur. Ungünstig für Entscheidungen.* **18.**/19.42 **Mondpause. 18.**/23.36 Mond im Skorpion: *Günstig für Verbindung, Vereinigung, Mitgefühl. Ungünstig für Trennung.* **20.**/12.37 **Mondpause. 21.**/6.58 Mond im Schützen: *Günstig für Reisen, geistiges Schaffen. Ungünstig für praktisches, detailgenaues Arbeiten.* **22.**/23.26 **Mondpause. 23.**/18.48 Mond im Steinbock: *Günstig für berufliche Vorstöße und offizielle, auch bürokratische Schritte. Ungünstig für persönliche Wunschbefriedigung.* **25.**/20.13 **Mondpause. 26.**/7.43 Mond im Wassermann: *Günstig für Veränderungen und Verlassen eingefahrener Geleise. »Freundschaftsmond«. Ungünstig für Routine.* **28.**/12.45 **Mondpause. 28.**/19.06 Mond in den Fischen: *Günstig für Rückzug, Alleinsein, Meditation, Muße und Beschaulichkeit. Ungünstig für Streß und Verpflichtung.* **30.**/23.13 **Mondpause.**

Die Kinder haben die Veilchen gepflückt,
All, all die da blühten am Mühlengraben.
Der Lenz ist da; sie wollen ihn fest
In ihren kleinen Fäusten haben.

Theodor Storm

Karriere Das wird vielleicht ein aufregender Monat! Um ehrlich zu sein, ist es auch sehr schwierig, präzise zu erfassen, was die Sterne wirklich mit Ihnen vorhaben. Auf der einen Seite stehen Jupiter und Saturn da wie ein ICE, und es heißt: »Warum steigst du nicht ein, wir bringen dich dahin, wo du hinwillst!« Auf der anderen Seite »pfuschen« Uranus und Neptun an den Weichen herum, so daß Sie nie genau wissen, wo Sie letztendlich ankommen werden. Ergo verheißen die Sterne große Chancen einerseits und einen riesigen Reinfall andererseits. Diesen Zustand drückt auch Ihre Karrierelinie aus, die in einem gigantischen Zickzackkurs hin- und herschwingt. Was Sie tun können? Wahnsinnig vorsichtig sein! Als Fischegeborener haben Sie die Sensibilität, um genau zu spüren, ob Sie in die richtige oder falsche Richtung treiben.
Günstige Tage für Geschäfte, Unterschriften, Vorsprachen: 24.–31.
Tage, an denen nichts richtig gelingt: 3., 4., 7., 8., 11., 12., 15., 16.

Liebe Venus, die Göttin der Liebe, verleiht Ihnen im Mai etwas von ihrem Glanz. Vielleicht bemerken Sie es gar nicht selbst. Aber die anderen machen Ihnen Komplimente über das Glitzern Ihrer Augen, über Ihre tolle Figur, Ihren anmutigen Gang. Venus macht Sie nicht nur schöner und sinnlicher, sondern sie weckt auch Ihre Triebe. Sie sind »hungrig« nach Liebe, nach einem Mann oder einer Frau. Und wenn Sie allein sind, könnten Sie manchmal wie »ein Schloßhund« heulen.
Plustage für die Liebe: 11.–14.
Minustage für die Liebe: 1., 17., 25.

Gesundheit Ihre Fitneßlinie ist eher niedrig. Und entsprechend mickrig fühlen Sie sich. Erschwerend kommt hinzu, daß Ihre gesamte Umgebung anscheinend »gedopt« ist. Jedenfalls sind diese fit und lachen Sie wegen Ihrer miesen Kondition auch noch aus. Kümmern Sie sich nicht darum! Schon ab der Mitte des nächsten Monats bekommen Sie von Mars dann auch Ihre »EPO-Ration«.
Besondere Vorsicht am: 21., 26., 27., 31.

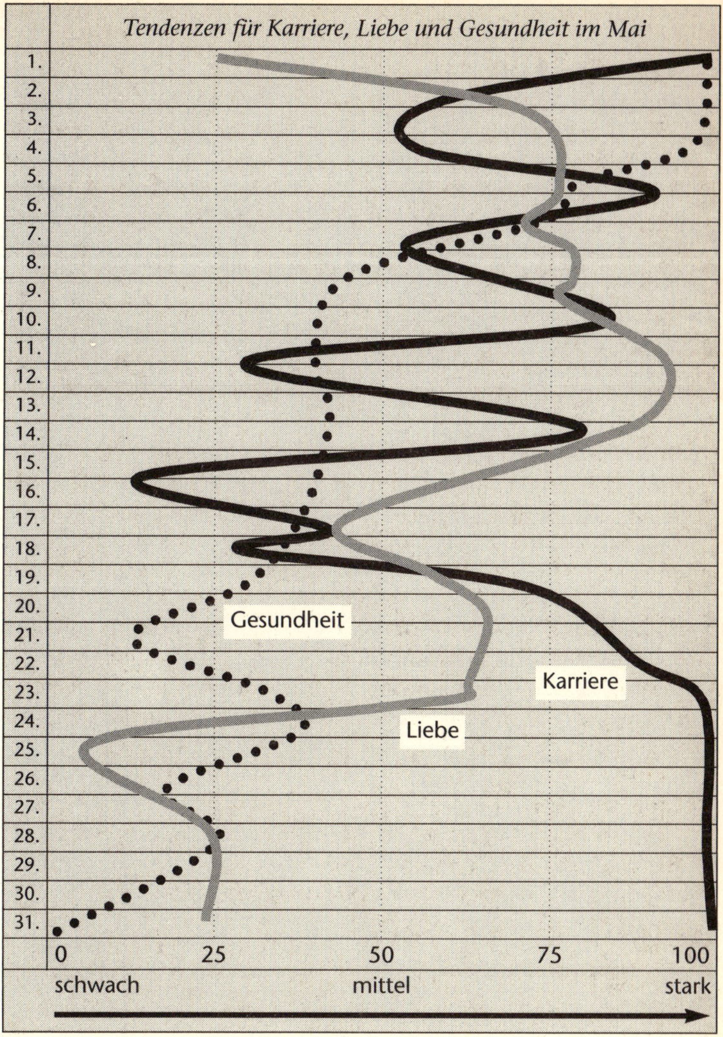

Tendenzen für Karriere, Liebe und Gesundheit im Mai

Mondplaner Mai

1./0.00 **Mondpause.** **1.**/2.55 Mond im Widder: *Günstig für Aktivität, Durchsetzung, Neubeginn. Ungünstig für Untätigkeit, Unterordnung.* **2.**/14.59 **Mondpause.** **3.**/6.54 Mond im Stier: *Günstig für Beruhigung, Festsetzung, alle finanziellen Schritte, Sinnlichkeit. Ungünstig für Veränderung.* **4.**/17.08 **Mondpause.** **5.**/8.24 Mond in den Zwillingen: *Günstig für Gespräche, Kontakte, Auftreten. Ungünstig für Konzentration, Stille.* **6.**/18.02 **Mondpause.** **7.**/9.14 Mond im Krebs: *Günstig für emotionale Belange, Familienangelegenheiten, Häuslichkeit. Ungünstig für Trennung, sachlich-trocken-genaues Arbeiten.* **8.**/18.32 **Mondpause.** **9.**/11.02 Mond im Löwen: *Günstig für Kunst, Feiern, Einkaufen, alle repräsentativen Schritte. Ungünstig für Sparsamkeit, Verzicht.* **11.**/2.12 **Mondpause.** **11.**/14.42 Mond in der Jungfrau: *Günstig für Arbeiten, Ordnungschaffen, gesundheitliche Maßnahmen. Ungünstig für Ich-Durchsetzung, Gefühlsbelange.* **13.**/17.59 **Mondpause.** **13.**/20.28 Mond in der Waage: *Günstig für Liebe und Partnerschaft, Kunst und Kultur. Ungünstig für Entscheidungen.* **15.**/10.56 **Mondpause.** **16.**/4.18 Mond im Skorpion: *Günstig für Verbindung, Vereinigung, Mitgefühl. Ungünstig für Trennung.* **18.**/9.36 **Mondpause.** **18.**/14.10 Mond im Schützen: *Günstig für Reisen, geistiges Schaffen. Ungünstig für praktisches, detailgenaues Arbeiten.* **20.**/7.31 **Mondpause.** **21.**/2.02 Mond im Steinbock: *Günstig für berufliche Vorstöße und offizielle, auch bürokratische Schritte. Ungünstig für persönliche Wunschbefriedigung.* **23.**/9.31 **Mondpause.** **23.**/15.01 Mond im Wassermann: *Günstig für Veränderungen und Verlassen eingefahrener Geleise. »Freundschaftsmond«. Ungünstig für Routine.* **23.**/11.56 **Mondpause.** **26.**/3.08 Mond in den Fischen: *Günstig für Rückzug, Alleinsein, Meditation, Muße und Beschaulichkeit. Ungünstig für Streß und Verpflichtung.* **28.**/6.18 **Mondpause.** **28.**/12.08 Mond im Widder: *Günstig für Aktivität, Durchsetzung, Neubeginn. Ungünstig für Untätigkeit, Unterordnung.* **30.**/1.16 **Mondpause.** **30.**/17.03 Mond im Stier: *Günstig für Beruhigung, Festsetzung, alle finanziellen Schritte, Sinnlichkeit. Ungünstig für Veränderung.*

Mitternacht, die Gärten lauschen,
Flüsterwort und Liebeskuß,
Bis der letzte Klang verklungen,
Weil nun alles schlafen muß –
Flußüberwärts singt eine Nachtigall.

Sommergrüner Rosengarten,
Sonnenweiße Stromesflut,
Sonnenstiller Morgenfriede,
Der auf Baum und Beeten ruht –
Flußüberwärts singt eine Nachtigall.

Straßentreiben, fern, verworren,
Reicher Mann und Bettelkind,
Myrtenkränze, Leichenzüge,
Tausendfältig Leben rinnt –
Flußüberwärts singt eine Nachtigall.

Langsam graut der Abend nieder,
Milde wird die harte Welt,
Und das Herz macht seinen Frieden,
Und zum Kinde wird der Held –
Flußüberwärts singt eine Nachtigall.

Detlev von Liliencron

Karriere Jetzt ist erst mal die Luft raus! Sie dürfen entspannen. Das Gefühl, etwas geleistet zu haben und jetzt loslassen zu können, ist einfach toll. Sie können im Juni auch in Urlaub fahren. Oder einfach dasitzen und Löcher in die Luft schauen. Egal, was Sie tun, Hauptsache, es macht Ihnen Spaß. Trotzdem ist diese Phase keinesfalls vertane Zeit. Ihre Psyche tankt auf: im Urlaub, wenn Sie etwas lesen, ja sogar wenn Sie nichts tun. Diese scheinbare Zeitverschwendung ist für Sie immens wichtig. Als Fischegeborener verfügen Sie über eine kolossale Aufnahmekapazität. Man kann sagen, daß Ihnen selbst im Schlaf »die Dinge zufliegen«, daß Sie dann plötzlich etwas wissen, was Sie nie gelernt haben. So als würden Ihr Wissen und Ihre Erfahrungen von unsichtbaren Quellen gespeist.
Günstige Tage für Geschäfte, Unterschriften, Vorsprachen: 23., 26., 27.
Tage, an denen nichts richtig gelingt: 10., 11., 18., 19.

Liebe Auch in der Liebe läuft es nicht berauschend! Wenn Sie allerdings offen sind, können Sie im Juni ein paar nette Flirts erleben. Daraus wird bestimmt nichts »Ernstes«, aber Sie haben Ihren Spaß! Dann, ab dem 19., könnte es »sehr ernst« werden. Ein Neuer? Alte Liebe wieder ganz heiß? Vielleicht sogar ein Kind? Alles ist möglich!
Plustage für die Liebe: 21.–24., 29., 30.
Minustage für die Liebe: 2., 3., 8., 11.

Gesundheit Bis zur Monatsmitte ist Ihr Abwehrsystem so durchlässig wie ein Sieb. Gott sei Dank ist im Juni die Gefahr einer Grippeinfektion gering. Aber etwas anderes könnte Ihnen zu schaffen machen: Blütenpollen, Umweltverschmutzung, Ozon, Lebensmittelgifte. Wenn Sie auch nur eine Neigung zu derartigen Allergien haben, werden Sie wahrscheinlich bis Mitte des Monats darunter leiden, sich verstecken und tausend Gegenmaßnahmen ergreifen. Dann, ab dem 16., bekommen Sie, wie bereits im Mai angekündigt, von Mars Ihre Energiespritze. Sie sind fit, und Ihre »Wehwehchen« verschwinden.
Besondere Vorsicht am: 1., 5., 11.

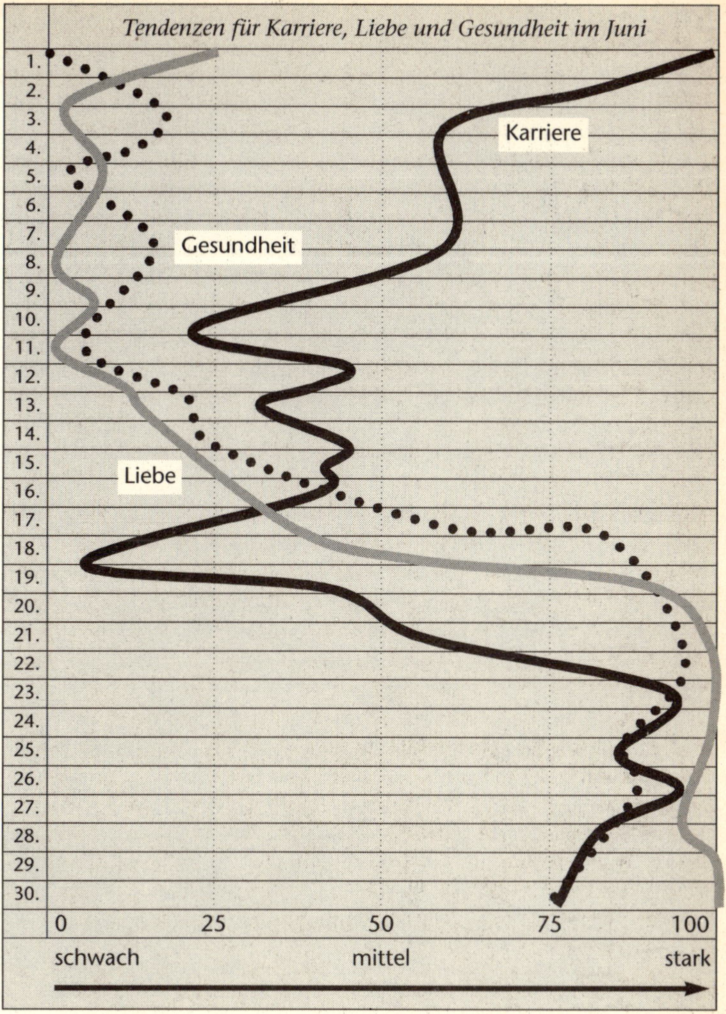
Tendenzen für Karriere, Liebe und Gesundheit im Juni
1.
2.
3.
4.
5.
6.
7.
8.
9.
10.
11.
12.
13.
14.
15.
16.
17.
18.
19.
20.
21.
22.
23.
24.
25.
26.
27.
28.
29.
30.
Karriere
Gesundheit
Liebe
0
25
50
75
100
schwach
mittel
stark

Mondplaner Juni

1./0.00 Mond im Stier: *Günstig für Beruhigung, Festsetzung, alle finanziellen Schritte, Sinnlichkeit. Ungünstig für Veränderung.* **1.**/8.09 **Mondpause. 1.**/18.35 Mond in den Zwillingen: *Günstig für Gespräche, Kontakte, Auftreten. Ungünstig für Konzentration, Stille.* **3.**/4.04 **Mondpause. 3.**/18.31 Mond im Krebs: *Günstig für emotionale Belange, Familienangelegenheiten, Häuslichkeit. Ungünstig für Trennung, sachlich-trocken-genaues Arbeiten.* **5.**/9.49 **Mondpause. 5.**/18.47 Mond im Löwen: *Günstig für Kunst, Feiern, Einkaufen, alle repräsentativen Schritte. Ungünstig für Sparsamkeit, Verzicht.* **7.**/12.23 **Mondpause. 7.**/20.58 Mond in der Jungfrau: *Günstig für Arbeiten, Ordnungschaffen, gesundheitliche Maßnahmen. Ungünstig für Ich-Durchsetzung, Gefühlsbelange.* **9.**/17.49 **Mondpause. 10.**/2.00 Mond in der Waage: *Günstig für Liebe und Partnerschaft, Kunst und Kultur. Ungünstig für Entscheidungen.* **12.**/4.16 **Mondpause. 12.**/9.56 Mond im Skorpion: *Günstig für Verbindung, Vereinigung, Mitgefühl. Ungünstig für Trennung.* **14.**/13.32 **Mondpause. 14.**/20.19 Mond im Schützen: *Günstig für Reisen, geistiges Schaffen. Ungünstig für praktisches, detailgenaues Arbeiten.* **17.**/3.51 **Mondpause. 17.**/8.27 Mond im Steinbock: *Günstig für berufliche Vorstöße und offizielle, auch bürokratische Schritte. Ungünstig für persönliche Wunschbefriedigung.* **19.**/16.46 **Mondpause. 19.**/21.26 Mond im Wassermann: *Günstig für Veränderungen und Verlassen eingefahrener Geleise. »Freundschaftsmond«. Ungünstig für Routine.* **22.**/6.25 **Mondpause. 22.**/9.52 Mond in den Fischen: *Günstig für Rückzug, Alleinsein, Meditation, Muße und Beschaulichkeit. Ungünstig für Streß und Verpflichtung.* **24.**/17.41 **Mondpause. 24.**/19.56 Mond im Widder: *Günstig für Aktivität, Durchsetzung, Neubeginn. Ungünstig für Untätigkeit, Unterordnung.* **26.**/9.24 **Mondpause. 27.**/2.20 Mond im Stier: *Günstig für Beruhigung, Festsetzung, alle finanziellen Schritte, Sinnlichkeit. Ungünstig für Veränderung.* **29.**/4.36 **Mondpause. 29.**/5.00 Mond in den Zwillingen: *Günstig für Gespräche, Kontakte, Auftreten. Ungünstig für Konzentration, Stille.* **30.**/13.48 **Mondpause.**

Wir schnitten die Saaten, wir Buben und Dirnen,
Mit nackenden Armen und triefenden Stirnen,
Von donnernden dunklen Gewittern bedroht –
Gerettet das Korn! Und nicht Einer, der darbe!
Von Garbe zu Garbe
Ist Raum für den Tod –
Wie schwellen die Lippen des Lebens so rot!

Hoch thronet ihr Schönen auf güldenen Sitzen,
In strotzenden Garben umflimmert von Blitzen –
Nicht Eine, die darbe! Wir bringen das Brot!
Zum Reigen! Zum Tanze! Zur tosenden Runde!
Von Munde zu Munde
Ist Raum für den Tod –
Wie schwellen die Lippen des Lebens so rot!

Conrad Ferdinand Meyer

Karriere Sonne und Merkur warten auf und bereiten Ihnen eine erste Monatshälfte vom Feinsten. Sie können reden: Mit Ihren Worten erreichen Sie Ihre Mitmenschen nicht nur vom Kopf her, sondern Sie gewinnen auch ihr Herz. Sie überzeugen durch und durch! Sie strahlen dermaßen viel Vertrauen aus, daß Ihnen jeder alles glaubt. Klar, daß Sie damit beruflich gut dastehen: Ihre Kundschaft bzw. Ihre Klientel vergrößert sich, und es werden ertragreiche Geschäfte abgeschlossen. Ihre tollen Karriereaussichten verringern sich nicht einmal, wenn Sie in Urlaub sind. Ihr Name wird »gehandelt«, bei Beförderungen denkt man an Sie, Geld fließt auf Ihr Konto. Ungefähr ab dem 20. stagnieren die Geschäfte. Das hat zum einen mit der Sommerflaute, zum anderen mit dem rückläufigen Merkur zu tun. Jetzt brauchen Sie Geduld.
Günstige Tage für Geschäfte, Unterschriften, Vorsprachen: 8., 9., 15., 16.
Tage, an denen nichts richtig gelingt: 18., 19., 25., 26.

Liebe Bis zum 13. währt der Honeymoon. Gleich, ob Sie frisch verliebt sind oder gerade goldene Hochzeit feiern – die Gefühle sind stark, Ihr Herz fließt über. Und wie schon im Vormonat angedeutet wurde, ist diese Phase jetzt wie geschaffen dafür, Ihre Gene zu verewigen. So groß ist Ihre Fruchtbarkeit bzw. Zeugungskraft, daß Sie sich entsprechend schützen müssen, wenn Sie gerade ein anderes Ziel verfolgen. Ab der Monatsmitte finden Sie es auch wieder einmal allein ganz schön. Höchstens der Mensch, der Ihre »Schrullen« kennt (und liebt), darf an Ihre Seite.
Plustage für die Liebe: 1., 4., 10., 14.
Minustage für die Liebe: 21., 25.

Gesundheit Ihre Fitneßlinie schwingt ruhig um die 75-Prozent-Marke. Sie sind also fit und leistungsfähig, aber Sie akzeptieren auch Ihre Grenzen. Dazu paßt ein Urlaub, in dem sich Entspannung und Action die Waage halten. Wenn Sie gar nichts tun, werden Sie nervös. Und zuviel Bewegung macht Muskelkater!
Besondere Vorsicht am: keine.

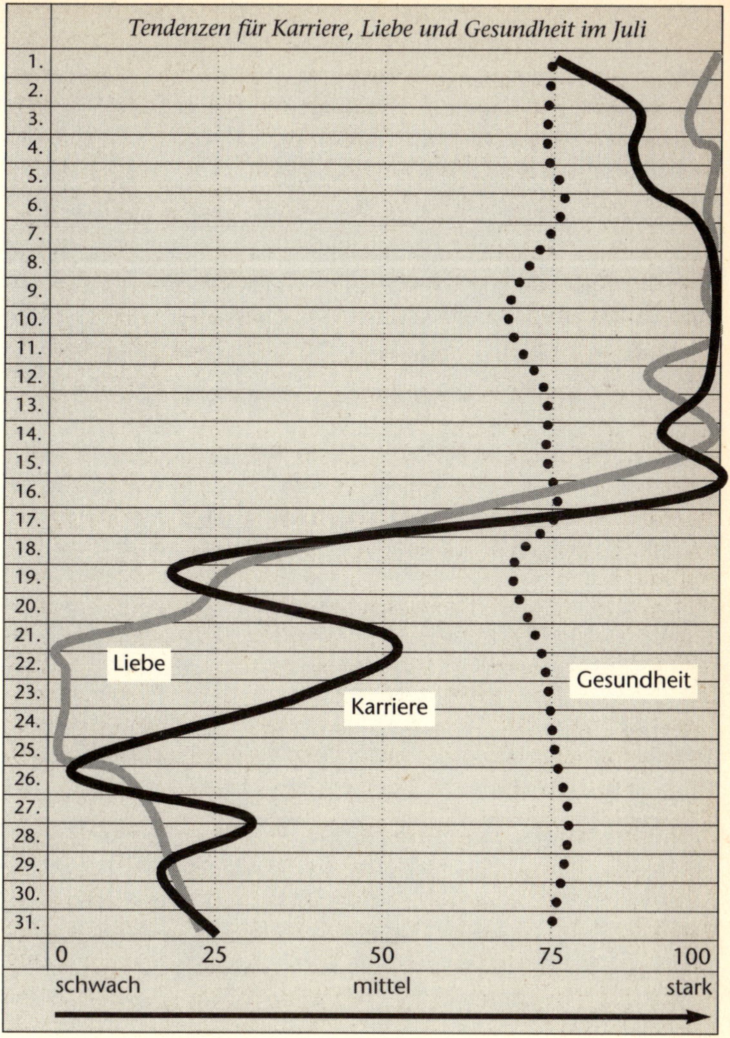

Tendenzen für Karriere, Liebe und Gesundheit im Juli
1.
2.
3.
4.
5.
6.
7.
8.
9.
10.
11.
12.
13.
14.
15.
16.
17.
18.
19.
20.
21.
22.
23.
24.
25.
26.
27.
28.
29.
30.
31.
Liebe
Karriere
Gesundheit
0
25
50
75
100
schwach
mittel
stark

Mondplaner Juli

1./0.00 **Mondpause. 1.**/5.10 Mond im Krebs: *Günstig für emotionale Belange, Familienangelegenheiten, Häuslichkeit. Ungünstig für Trennung, sachlich-trocken-genaues Arbeiten.* **2.**/23.38 **Mondpause. 3.**/4.39 Mond im Löwen: *Günstig für Kunst, Feiern, Einkaufen, alle repräsentativen Schritte. Ungünstig für Sparsamkeit, Verzicht.* **5.**/0.27 **Mondpause. 5.**/5.20 Mond in der Jungfrau: *Günstig für Arbeiten, Ordnungschaffen, gesundheitliche Maßnahmen. Ungünstig für Ich-Durchsetzung, Gefühlsbelange.* **7.**/3.58 **Mondpause. 7.**/8.47 Mond in der Waage: *Günstig für Liebe und Partnerschaft, Kunst und Kultur. Ungünstig für Entscheidungen.* **9.**/6.11 **Mondpause. 9.**/15.49 Mond im Skorpion: *Günstig für Verbindung, Vereinigung, Mitgefühl. Ungünstig für Trennung.* **11.**/22.29 **Mondpause. 12.**/2.06 Mond im Schützen: *Günstig für Reisen, geistiges Schaffen. Ungünstig für praktisches, detailgenaues Arbeiten.* **13.**/18.03 **Mondpause. 14.**/14.28 Mond im Steinbock: *Günstig für berufliche Vorstöße und offizielle, auch bürokratische Schritte. Ungünstig für persönliche Wunschbefriedigung.* **16.**/23.49 **Mondpause. 17.**/3.27 Mond im Wassermann: *Günstig für Veränderungen und Verlassen eingefahrener Geleise. »Freundschaftsmond«. Ungünstig für Routine.* **19.**/12.37 **Mondpause. 19.**/15.45 Mond in den Fischen: *Günstig für Rückzug, Alleinsein, Meditation, Muße und Beschaulichkeit. Ungünstig für Streß und Verpflichtung.* **22.**/1.08 **Mondpause. 22.**/2.10 Mond im Widder: *Günstig für Aktivität, Durchsetzung, Neubeginn. Ungünstig für Untätigkeit, Unterordnung.* **24.**/0.12 **Mondpause. 24.**/9.45 Mond im Stier: *Günstig für Beruhigung, Festsetzung, alle finanziellen Schritte, Sinnlichkeit. Ungünstig für Veränderung.* **26.**/12.21 **Mondpause. 26.**/14.02 Mond in den Zwillingen: *Günstig für Gespräche, Kontakte, Auftreten. Ungünstig für Konzentration, Stille.* **27.**/22.18 **Mondpause. 28.**/15.30 Mond im Krebs: *Günstig für emotionale Belange, Familienangelegenheiten, Häuslichkeit. Ungünstig für Trennung, sachlich-trocken-genaues Arbeiten.* **30.**/14.18 **Mondpause. 30.**/15.24 Mond im Löwen: *Günstig für Kunst, Feiern, Einkaufen, alle repräsentativen Schritte. Ungünstig für Sparsamkeit, Verzicht.*

Schwarzschattende Kastanie,
Mein windgeregtes Sommerzelt,
Du senkst zur Flut dein weit Geäst
Dein Laub, es durstet und es trinkt,
Schwarzschattende Kastanie!

Im Porte badet junge Brut
Mit Hader oder Lustgeschrei,
Und Kinder schwimmen leuchtend weiß
Im Gitter deines Blätterwerks,
Schwarzschattende Kastanie!

Und dämmern See und Ufer ein
Und rauscht vorbei das Abendboot,
So zuckt aus roter Schiffslatern
Ein Blitz und wandert auf dem Schwung
Der Flut, gebrochnen Lettern gleich,
Bis unter deinem Laub erlischt
Die rätselhafte Flammenschrift,
Schwarzschattende Kastanie!

Conrad Ferdinand Meyer

Tendenzen im August

Karriere Im August macht Ihre Karrierelinie Pause. Was liegt da näher, als das gleiche zu tun? Zumindest die ersten drei Wochen sind eine Phase, in der etwas scheinbar Paradoxes geschieht. Je mehr Sie nämlich entspannen und nichts tun, um so größer sind die späteren Erfolge. Sie tanken jetzt auf. Etwas ganz Ähnliches geschah bereits im Juni: Ihre Psyche verbindet sich mit tausenderlei Informationsquellen. Sie bemerken das nicht einmal. Sogar wenn Sie träumen, schöpfen Sie Energie! Ungefähr ab dem 23. haben Sie »vollgetankt« und können »abheben«. Die Sonne steht in Ihrem Gegenzeichen, der Jungfrau. Damit befinden Sie sich auf einem Höhepunkt Ihrer diesjährigen Karriere. Sie sollten aus sich herausgehen, expandieren, sich zeigen und für sich werben! Vor allem sollten Sie Kontakt mit anderen suchen und sich austauschen.
Günstige Tage für Geschäfte, Unterschriften, Vorsprachen: 23., 26., 29.–31.
Tage, an denen nichts richtig gelingt: 7., 8.

Liebe Am 6. bezieht auch Venus, die Göttin der Liebe, Position in Ihrem entgegengesetzten Tierkreiszeichen Jungfrau. Das ist die klassische Situation, um dem Wesen über den Weg zu laufen, das von den Gestirnen am Himmel für Sie auf Erden bestimmt zu sein scheint. Wenn Sie ihn/sie schon gefunden haben, brauchen Sie jetzt an dieser Stelle nicht weiterzulesen. Ansonsten sollten Sie sich am 6. neu einkleiden, neu frisieren, mit einem neuen Make-up aufwarten, ein Gläschen Champagner trinken und losziehen, um den/die Eine(n) und Einzige(n) nicht zu versäumen.
Plustage für die Liebe: 7., 16., 22.–31.
Minustage für die Liebe: 2., 3.

Gesundheit Mehr oder weniger pendelt Ihre Gesundheitslinie um die 50-Prozent-Marke. Das bedeutet auch, daß Sie es selbst in der Hand haben, wie gut es Ihnen geht. Wenn Sie gesund leben, viel Luft tanken, schwimmen, sich bewegen, bewußt essen, sind Sie fit und fröhlich wie ein Delphin. Falls Sie wahllos »Junk food« zu sich nehmen, bewegungslos am Sofa kleben und wie ein Schlot rauchen, ähneln Sie mehr einer Flunder.
Besondere Vorsicht am: 9., 26.

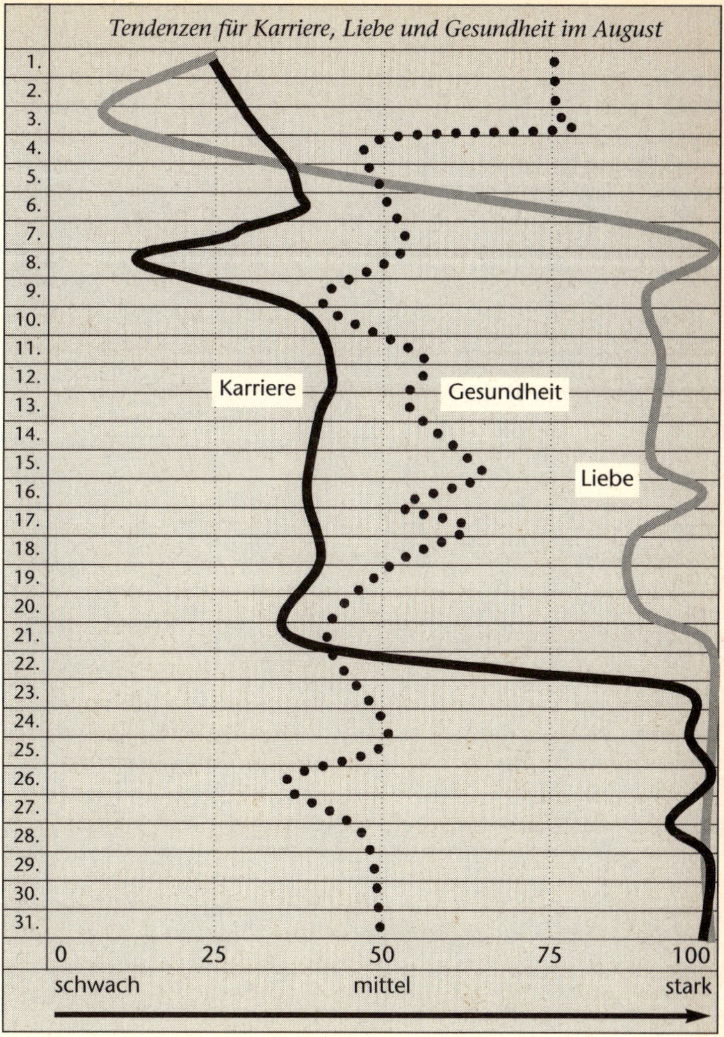
Tendenzen für Karriere, Liebe und Gesundheit im August
1.
2.
3.
4.
5.
6.
7.
8.
9.
10.
11.
12.
13.
14.
15.
16.
17.
18.
19.
20.
21.
22.
23.
24.
25.
26.
27.
28.
29.
30.
31.
Karriere
Gesundheit
Liebe
0
25
50
75
100
schwach
mittel
stark

Mondplaner August

1./0.00 Mond im Löwen: *Günstig für Kunst, Feiern, Einkaufen, alle repräsentativen Schritte. Ungünstig für Sparsamkeit, Verzicht.* **1.**/14.34 **Mondpause. 1.**/15.27 Mond in der Jungfrau: *Günstig für Arbeiten, Ordnungschaffen, gesundheitliche Maßnahmen. Ungünstig für Ich-Durchsetzung, Gefühlsbelange.* **3.**/16.50 **Mondpause. 3.**/17.32 Mond in der Waage: *Günstig für Liebe und Partnerschaft, Kunst und Kultur. Ungünstig für Entscheidungen.* **5.**/20.56 **Mondpause. 5.**/23.05 Mond im Skorpion: *Günstig für Verbindung, Vereinigung, Mitgefühl. Ungünstig für Trennung.* **8.**/8.18 **Mondpause. 8.**/8.31 Mond im Schützen: *Günstig für Reisen, geistiges Schaffen. Ungünstig für praktisches, detailgenaues Arbeiten.* **9.**/22.15 **Mondpause. 10.**/20.44 Mond im Steinbock: *Günstig für berufliche Vorstöße und offizielle, auch bürokratische Schritte. Ungünstig für persönliche Wunschbefriedigung.* **11.**/8.03 **Mondpause. 13.**/9.44 Mond im Wassermann: *Günstig für Veränderungen und Verlassen eingefahrener Geleise. »Freundschaftsmond«. Ungünstig für Routine.* **15.**/7.14 **Mondpause. 15.**/21.42 Mond in den Fischen: *Günstig für Rückzug, Alleinsein, Meditation, Muße und Beschaulichkeit. Ungünstig für Streß und Verpflichtung.* **16.**/21.59 **Mondpause. 18.**/7.45 Mond im Widder: *Günstig für Aktivität, Durchsetzung, Neubeginn. Ungünstig für Untätigkeit, Unterordnung.* **20.**/11.14 **Mondpause. 20.**/15.32 Mond im Stier: *Günstig für Beruhigung, Festsetzung, alle finanziellen Schritte, Sinnlichkeit. Ungünstig für Veränderung.* **22.**/20.51 **Mondpause. 22.**/20.55 Mond in den Zwillingen: *Günstig für Gespräche, Kontakte, Auftreten. Ungünstig für Konzentration, Stille.* **24.**/9.57 **Mondpause. 24.**/24.00 Mond im Krebs: *Günstig für emotionale Belange, Familienangelegenheiten, Häuslichkeit. Ungünstig für Trennung, sachlich-trocken-genaues Arbeiten.* **26.**/16.11 **Mondpause. 27.**/1.17 Mond im Löwen: *Günstig für Kunst, Feiern, Einkaufen, alle repräsentativen Schritte. Ungünstig für Sparsamkeit, Verzicht.* **28.**/6.45 **Mondpause. 29.**/1.55 Mond in der Jungfrau: *Günstig für Arbeiten, Ordnungschaffen, gesundheitliche Maßnahmen. Ungünstig für Ich-Durchsetzung, Gefühlsbelange.* **31.**/3.22 **Mondpause. 31.**/3.33 Mond in der Waage: *Günstig für Liebe und Partnerschaft, Kunst und Kultur. Ungünstig für Entscheidungen.*

Im Nebel ruhet noch die Welt,
Noch träumen Wald und Wiesen:
Bald siehst du, wenn der Schleier fällt,
Den blauen Himmel unverstellt,
Herbstkräftig die gedämpfte Welt
In warmem Golde fließen.

Eduard Mörike

Karriere Wie bereits zu Ende des Vormonats geht es auch jetzt darum, daß Sie sich zeigen. Die Sonne befindet sich in Ihrem Gegenzeichen Jungfrau und verheißt eine besonders erfolgreiche Phase. Die ersten drei Septemberwochen stellen für Ihre Karriere einen Höhepunkt dar. Sie haben Erfolg, man achtet und bewundert Sie, Sie kommen an. Zugleich sind diese drei Wochen auch das Ergebnis der vergangenen sechs Monate. Sie haben alles gegeben, und jetzt sahnen Sie ab. Allerdings bekommen Sie nun auch die Rechnung für Fehler des letzten Halbjahres serviert. Betrachten Sie dies dann als eine Chance, es in Zukunft besser zu machen. Während der letzten zehn Septembertage müssen Sie reaktionsschnell sein. Irgendwer versucht Ihnen zuvorzukommen.
Günstige Tage für Geschäfte, Unterschriften, Vorsprachen: 1., 5., 6., 12., 17.
Tage, an denen nichts richtig gelingt: 17., 18., 27., 29.

Liebe Die Sterne haben Sie im vergangenen Monat dermaßen mit Liebe, Zweisamkeit und Erotik überhäuft, daß Sie jetzt eine Pause benötigen. Sie brauchen immer wieder Phasen des Rückzugs, um bei dem Menschen zu sein, der Ihnen am nächsten ist und den Sie am besten kennen: Sie selbst! Allerdings hat Ihre Umwelt dafür wenig Verständnis. Man will Sie, und zwar beruflich wie privat! Da müssen Sie wirklich froh und dankbar um jede Minute sein, die Sie für sich selbst herausschlagen können.
Plustage für die Liebe: 26.–30.
Minustage für die Liebe: 8., 11.–14., 21., 22.

Gesundheit In der erste Monatshälfte kann Ihre Fitneßlinie mit den Anforderungen, die im Beruf auf Sie warten, nicht richtig mithalten. Also schonen Sie sich wenigstens privat! Ihre Umwelt saugt an Ihrer Energie wie ein Vampir an fremdem Blut. Hüten Sie sich vor Konkurrenzkämpfen, zu denen man Sie überreden will.
Besondere Vorsicht am: 16.–20.

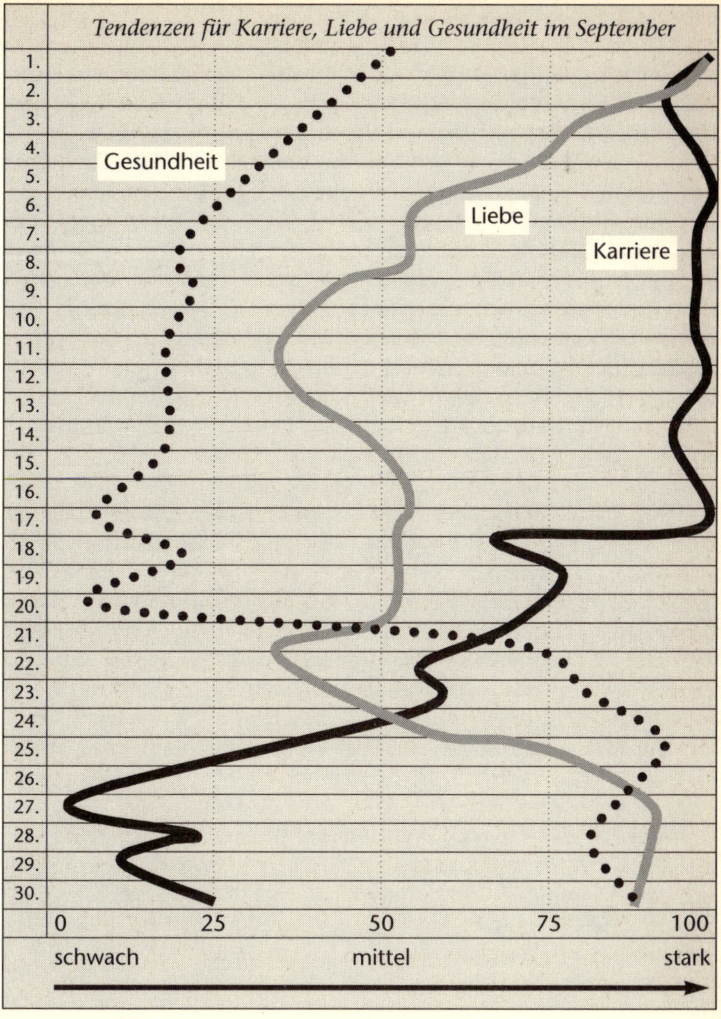

Tendenzen für Karriere, Liebe und Gesundheit im September
1.
2.
3.
4.
5.
6.
7.
8.
9.
10.
11.
12.
13.
14.
15.
16.
17.
18.
19.
20.
21.
22.
23.
24.
25.
26.
27.
28.
29.
30.
Gesundheit
Liebe
Karriere
0
25
50
75
100
schwach
mittel
stark

Mondplaner September

1./0.00 Mond in der Waage: *Günstig für Liebe und Partnerschaft, Kunst und Kultur. Ungünstig für Entscheidungen.* **1.**/14.24 **Mondpause. 2.**/7.56 Mond im Skorpion: *Günstig für Verbindung, Vereinigung, Mitgefühl. Ungünstig für Trennung.* **4.**/3.36 **Mondpause. 4.**/16.09 Mond im Schützen: *Günstig für Reisen, geistiges Schaffen. Ungünstig für praktisches, detailgenaues Arbeiten.* **7.**/0.27 **Mondpause. 7.**/3.48 Mond im Steinbock: *Günstig für berufliche Vorstöße und offizielle, auch bürokratische Schritte. Ungünstig für persönliche Wunschbefriedigung.* **8.**/12.28 **Mondpause. 9.**/16.45 Mond im Wassermann: *Günstig für Veränderungen und Verlassen eingefahrener Geleise. »Freundschaftsmond«. Ungünstig für Routine.* **11.**/22.10 **Mondpause. 12.**/4.35 Mond in den Fischen: *Günstig für Rückzug, Alleinsein, Meditation, Muße und Beschaulichkeit. Ungünstig für Streß und Verpflichtung.* **13.**/21.37 **Mondpause. 14.**/14.01 Mond im Widder: *Günstig für Aktivität, Durchsetzung, Neubeginn. Ungünstig für Untätigkeit, Unterordnung.* **16.**/20.50 **Mondpause. 16.**/21.05 Mond im Stier: *Günstig für Beruhigung, Festsetzung, alle finanziellen Schritte, Sinnlichkeit. Ungünstig für Veränderung.* **18.**/19.31 **Mondpause. 19.**/2.22 Mond in den Zwillingen: *Günstig für Gespräche, Kontakte, Auftreten. Ungünstig für Konzentration, Stille.* **21.**/3.29 **Mondpause. 21.**/6.16 Mond im Krebs: *Günstig für emotionale Belange, Familienangelegenheiten, Häuslichkeit. Ungünstig für Trennung, sachlich-trocken-genaues Arbeiten.* **23.**/5.29 **Mondpause. 23.**/9.00 Mond im Löwen: *Günstig für Kunst, Feiern, Einkaufen, alle repräsentativen Schritte. Ungünstig für Sparsamkeit, Verzicht.* **25.**/3.34 **Mondpause. 25.**/11.03 Mond in der Jungfrau: *Günstig für Arbeiten, Ordnungschaffen, gesundheitliche Maßnahmen. Ungünstig für Ich-Durchsetzung, Gefühlsbelange.* **26.**/5.45 **Mondpause. 27.**/13.23 Mond in der Waage: *Günstig für Liebe und Partnerschaft, Kunst und Kultur. Ungünstig für Entscheidungen.* **28.**/18.58 **Mondpause. 29.**/17.31 Mond im Skorpion: *Günstig für Verbindung, Vereinigung, Mitgefühl. Ungünstig für Trennung.*

Dies ist ein Herbsttag, wie ich keinen sah!
Die Luft ist still, als atmete man kaum,
Und dennoch fallen raschelnd, fern und nah,
Die schönsten Früchte ab von jedem Baum.

O stört sie nicht, die Feier der Natur!
Dies ist die Lese, die sie selber hält,
Denn heute löst sich von den Zweigen nur,
Was von dem milden Strahl der Sonne fällt.

Friedrich Hebbel

Karriere In der ersten Oktoberhälfte brauchen Sie den Schutz Ihrer Ahnen. Sie sind um so stärker, je mehr Sie sich mit Ihrer Herkunft verbunden fühlen. Stellen Sie sich in Gedanken vor, wie hinter Ihnen Ihre Eltern, deren Eltern usw. stehen. Sie sind wie die Spitze einer endlosen Phalanx. Und alle Kraft der Vergangenheit sammelt sich in Ihnen. Umgekehrt ist es so, daß Sie wie ein Blatt im Winde treiben, wenn Sie sich von Ihrer Vergangenheit isolieren. Suchen Sie daher die Brücke zu Ihren Ahnen, auch wenn es vielleicht aufgrund Ihrer heftigen Erlebnisse besonders schwierig scheint. Lernen Sie zu verzeihen. Es gibt immer einen Weg zurück. Ab dem 20. werden Sie erleben, daß die vereinte Kraft Ihrer Gegenwart und Ihrer Vergangenheit einen Bombenerfolg auslöst.
Günstige Tage für Geschäfte, Unterschriften, Vorsprachen: 25.–27., 31.
Tage, an denen nichts richtig gelingt: 3.–6.

Liebe Die ersten zwanzig Tage gehören zu Ihrer »fruchtbarsten« und zeugungsfähigsten Zeit des Jahres. Wenn Sie ohnehin »ein Kind im Kopf haben«, können Sie es jetzt mit dem Segen der Gestirne auch realisieren. Falls Sie aber etwas anderes vorhaben, sollten Sie sich schützen, und zwar lieber zweimal als einmal, denn Sie wissen doch, das Schicksal ist manchmal fürchterlich penetrant! Wenn Sie ein Kind bekommen, sind neben Ihnen und Ihrem Partner auch »die Götter« der »Vater« und die »Mutter«. Behandeln Sie das neue Leben entsprechend!
Plustage für die Liebe: 3.–19.
Minustage für die Liebe: 23., 24., 29., 30.

Gesundheit Es gilt weiterhin, was bereits im Vormonat gesagt wurde: Man versucht, Sie energetisch auszusaugen. Dazu gehören Konkurrenzgerangel ebenso wie Provokationen. Meiden Sie wenigstens Wettfahrten mit dem Auto, Tennisturniere und »Trinkgelage« auf Festplätzen wie dem Oktoberfest. Am besten, Sie werden ein bißchen »süchtig« nach Gesundheitstees, viel Schlaf, gesundem Essen, der Sauna und langen, aber keineswegs anstrengenden Spaziergängen. Davon werden Sie noch den ganzen Winter über profitieren.
Besondere Vorsicht am: 2.–7.

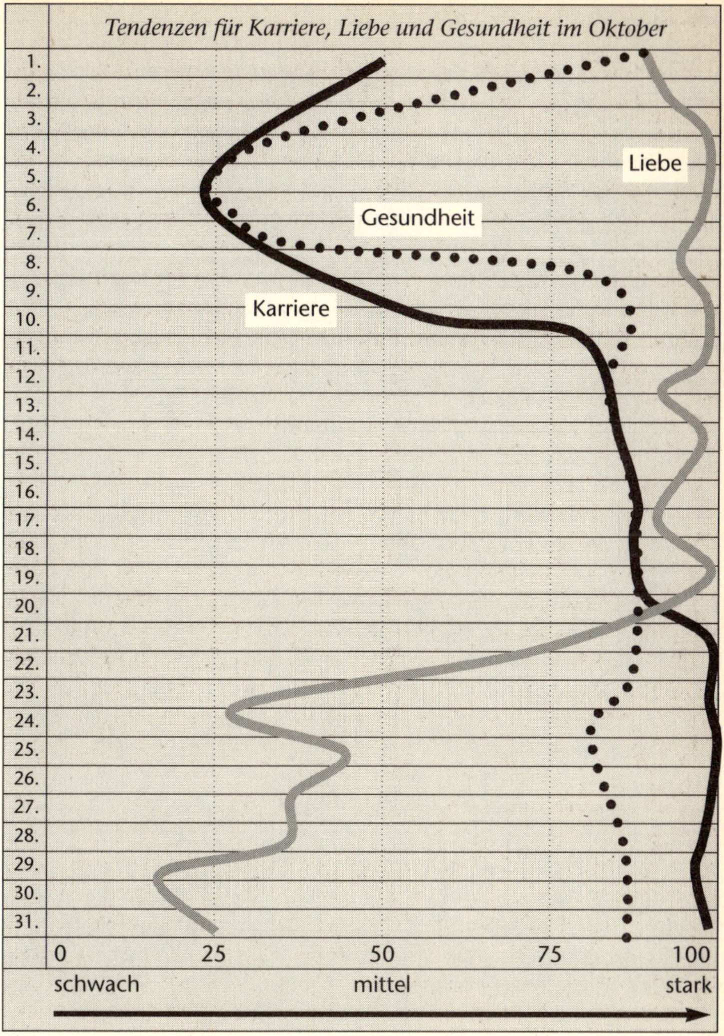
Tendenzen für Karriere, Liebe und Gesundheit im Oktober
Liebe
Gesundheit
Karriere
1.
2.
3.
4.
5.
6.
7.
8.
9.
10.
11.
12.
13.
14.
15.
16.
17.
18.
19.
20.
21.
22.
23.
24.
25.
26.
27.
28.
29.
30.
31.
0
25
50
75
100
schwach
mittel
stark

Mondplaner Oktober

1./0.00 Mond im Skorpion: <u>*Günstig*</u> *für Verbindung, Vereinigung, Mitgefühl.* <u>*Ungünstig*</u> *für Trennung.* **1.**/0.43 **Mondpause.** **2.**/0.51 Mond im Schützen: <u>*Günstig*</u> *für Reisen, geistiges Schaffen.* <u>*Ungünstig*</u> *für praktisches, detailgenaues Arbeiten.* **3.**/10.04 **Mondpause.** **4.**/11.43 Mond im Steinbock: <u>*Günstig*</u> *für berufliche Vorstöße und offizielle, auch bürokratische Schritte.* <u>*Ungünstig*</u> *für persönliche Wunschbefriedigung.* **5.**/14.34 **Mondpause.** **7.**/0.34 Mond im Wassermann: <u>*Günstig*</u> *für Veränderungen und Verlassen eingefahrener Geleise. »Freundschaftsmond«.* <u>*Ungünstig*</u> *für Routine.* **8.**/10.55 **Mondpause.** **9.**/12.36 Mond in den Fischen: <u>*Günstig*</u> *für Rückzug, Alleinsein, Meditation, Muße und Beschaulichkeit.* <u>*Ungünstig*</u> *für Streß und Verpflichtung.* **11.**/3.09 **Mondpause.** **11.**/21.51 Mond im Widder: <u>*Günstig*</u> *für Aktivität, Durchsetzung, Neubeginn.* <u>*Ungünstig*</u> *für Untätigkeit, Unterordnung.* **13.**/10.53 **Mondpause.** **14.**/4.06 Mond im Stier: <u>*Günstig*</u> *für Beruhigung, Festsetzung, alle finanziellen Schritte, Sinnlichkeit.* <u>*Ungünstig*</u> *für Veränderung.* **16.**/8.18 **Mondpause.** **16.**/8.19 Mond in den Zwillingen: <u>*Günstig*</u> *für Gespräche, Kontakte, Auftreten.* <u>*Ungünstig*</u> *für Konzentration, Stille.* **18.**/3.01 **Mondpause.** **18.**/11.38 Mond im Krebs: <u>*Günstig*</u> *für emotionale Belange, Familienangelegenheiten, Häuslichkeit.* <u>*Ungünstig*</u> *für Trennung, sachlich-trocken-genaues Arbeiten.* **20.**/14.16 **Mondpause.** **20.**/14.43 Mond im Löwen: <u>*Günstig*</u> *für Kunst, Feiern, Einkaufen, alle repräsentativen Schritte.* <u>*Ungünstig*</u> *für Sparsamkeit, Verzicht.* **22.**/17.13 **Mondpause.** **22.**/17.53 Mond in der Jungfrau: <u>*Günstig*</u> *für Arbeiten, Ordnungschaffen, gesundheitliche Maßnahmen.* <u>*Ungünstig*</u> *für Ich-Durchsetzung, Gefühlsbelange.* **24.**/20.35 **Mondpause.** **24.**/21.31 Mond in der Waage: <u>*Günstig*</u> *für Liebe und Partnerschaft, Kunst und Kultur.* <u>*Ungünstig*</u> *für Entscheidungen.* **26.**/3.04 **Mondpause.** **27.**/2.24 Mond im Skorpion: <u>*Günstig*</u> *für Verbindung, Vereinigung, Mitgefühl.* <u>*Ungünstig*</u> *für Trennung.* **29.**/8.05 **Mondpause.** **29.**/9.41 Mond im Schützen: <u>*Günstig*</u> *für Reisen, geistiges Schaffen.* <u>*Ungünstig*</u> *für praktisches, detailgenaues Arbeiten.* **31.**/14.43 **Mondpause.** **31.**/19.02 Mond im Steinbock: <u>*Günstig*</u> *für berufliche Vorstöße und offizielle, auch bürokratische Schritte.* <u>*Ungünstig*</u> *für persönliche Wunschbefriedigung.*

(Ab 31. 10./3.00 Uhr MEZ.)

Der dunkle Herbst kehrt ein voll Frucht und Fülle,
Vergilbter Glanz von schönen Sommertagen.
Ein reines Blau tritt aus verfallener Hülle;
Der Flug der Vögel tönt von alten Sagen.
Gekeltert ist der Wein, die milde Stille
Erfüllt von leiser Antwort dunkler Fragen.

Und hier und dort ein Kreuz auf ödem Hügel;
Im roten Wald verliert sich eine Herde.
Die Wolke wandert übern Weiherspiegel;
Es ruht des Landmanns ruhige Gebärde.
Sehr leise rührt des Abends blauer Flügel
Ein Dach von dürrem Stroh, die schwarze Erde.

Bald nisten Sterne in des Müden Brauen;
In kühle Stuben kehrt ein still Bescheiden
Und Engel treten leise aus den blauen
Augen der Liebenden, die sanfter leiden.
Es rauscht das Rohr; anfällt ein knöchern Grauen,
Wenn schwarz der Tau tropft von den kahlen Weiden.

Georg Trakl

Karriere Sie fahren weiterhin auf Erfolgskurs. Das verschafft Ihnen ein tolles Gefühl, vor allem auch deswegen, weil Sie es schon lange geahnt haben, daß Sie etwas können. Sie sind sich jetzt so sicher, daß Sie mehr und mehr Ihre eigenen Wünsche verwirklichen. Das macht Sie noch glaubhafter und überzeugender. Besonders wenn Sie in einem Beruf arbeiten, der vornehmlich damit zu tun hat, anderen zu helfen oder sie zufriedenzustellen, kommen Sie phantastisch an. Sollten Sie an einem Platz arbeiten, an dem Sie nur von Maschinen umgeben sind, brauchen Sie wenigstens einen entsprechenden Ausgleich in Ihrer Freizeit. Sie sind nun einmal ein sozialer Mensch, ein Helfer, ein »Priester«, ein »Guru«! Während der letzten zehn Novembertage müssen Sie verdammt auf der Hut sein, sonst werden Sie ausgetrickst.
Günstige Tage für Geschäfte, Unterschriften, Vorsprachen: 1., 14.–19.
Tage, an denen nichts richtig gelingt: 22., 27.

Liebe Der November wird normalerweise grau und macht entsprechend melancholisch. Aber für Sie könnte es jetzt auch strahlender Sommer sein: Sie begeben sich auf die Suche nach Ihrem wahren Ich. Da Sie das bei keinem anderen finden, ist Rückzug angesagt. Ein Wochenende in einem Meditationscamp, allein in den Bergen oder am Meer, ein paar Abende nur mit Ihrem Tagebuch – das alles bringt Sie Ihrem eigenen Ich näher! Ab der Monatsmitte erwacht wieder die Liebe. Vor allem in Partnerschaften entsteht eine wunderschöne Innigkeit.
Plustage für die Liebe: 18., 19., 22.–24., 30.
Minustage für die Liebe: 3., 6., 7., 11.

Gesundheit Sie gehören zu den Kandidaten, die dieses Jahr bereits im November ihre Wintererkältung bekommen könnten, denn Ihr Abwehrsystem ist ziemlich lausig. Jetzt erweist sich's, wer im vergangenen Monat vorgesorgt hat und wer nicht. Die einen schniefen und husten, während die anderen strahlen und schnurren. Besonders zwischen dem 19. und dem Monatsende sollten Sie naßkaltes Wetter meiden. Außerdem: Ziehen Sie sich warm an!
Besondere Vorsicht am: 19., 24., 27., 30.

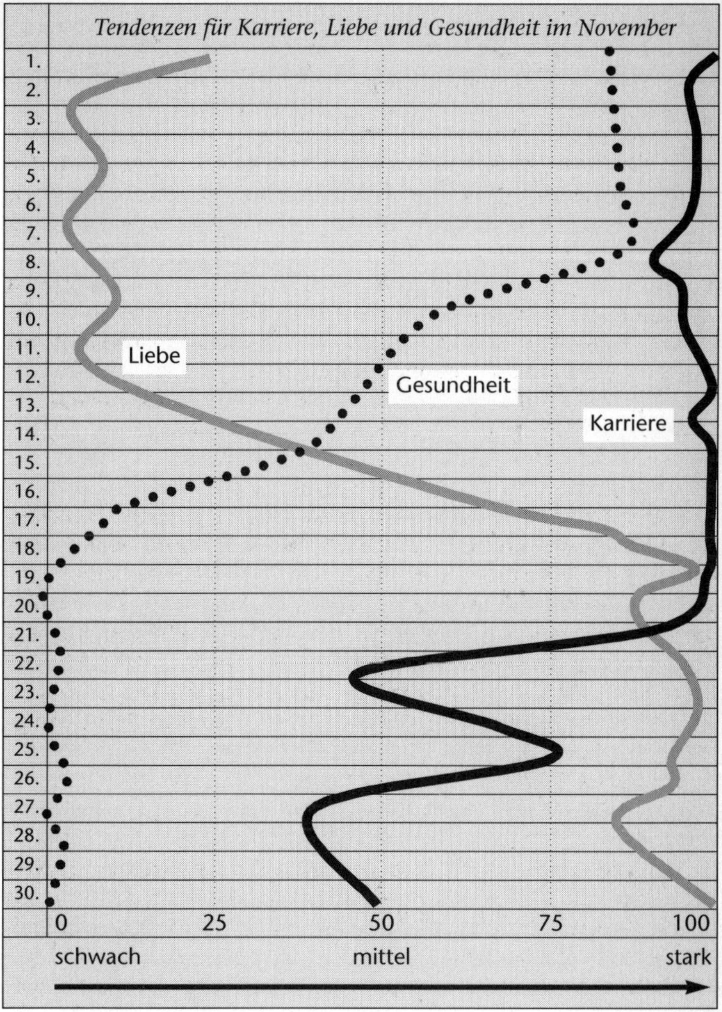

Tendenzen für Karriere, Liebe und Gesundheit im November
1.
2.
3.
4.
5.
6.
7.
8.
9.
10.
11.
12.
13.
14.
15.
16.
17.
18.
19.
20.
21.
22.
23.
24.
25.
26.
27.
28.
29.
30.
Liebe
Gesundheit
Karriere
0
25
50
75
100
schwach
mittel
stark

Mondplaner November

1./0.00 Mond im Steinbock: *Günstig für berufliche Vorstöße und offizielle, auch bürokratische Schritte. Ungünstig für persönliche Wunschbefriedigung.* **3.**/6.37 **Mondpause. 3.**/7.41 Mond im Wassermann: *Günstig für Veränderungen und Verlassen eingefahrener Geleise. »Freundschaftsmond«. Ungünstig für Routine.* **5.**/19.26 **Mondpause. 5.**/20.13 Mond in den Fischen: *Günstig für Rückzug, Alleinsein, Meditation, Muße und Beschaulichkeit. Ungünstig für Streß und Verpflichtung.* **8.**/3.05 **Mondpause. 8.**/6.03 Mond im Widder: *Günstig für Aktivität, Durchsetzung, Neubeginn. Ungünstig für Untätigkeit, Unterordnung.* **10.**/6.09 **Mondpause. 10.**/12.13 Mond im Stier: *Günstig für Beruhigung, Festsetzung, alle finanziellen Schritte, Sinnlichkeit. Ungünstig für Veränderung.* **12.**/12.14 **Mondpause. 12.**/15.29 Mond in den Zwillingen: *Günstig für Gespräche, Kontakte, Auftreten. Ungünstig für Konzentration, Stille.* **13.**/19.53 **Mondpause. 14.**/17.22 Mond im Krebs: *Günstig für emotionale Belange, Familienangelegenheiten, Häuslichkeit. Ungünstig für Trennung, sachlich-trocken-genaues Arbeiten.* **16.**/15.32 **Mondpause. 16.**/19.20 Mond im Löwen: *Günstig für Kunst, Feiern, Einkaufen, alle repräsentativen Schritte. Ungünstig für Sparsamkeit, Verzicht.* **18.**/18.05 **Mondpause. 18.**/22.17 Mond in der Jungfrau: *Günstig für Arbeiten, Ordnungschaffen, gesundheitliche Maßnahmen. Ungünstig für Ich-Durchsetzung, Gefühlsbelange.* **21.**/0.46 **Mondpause. 21.**/2.36 Mond in der Waage: *Günstig für Liebe und Partnerschaft, Kunst und Kultur. Ungünstig für Entscheidungen.* **22.**/9.19 **Mondpause. 23.**/8.34 Mond im Skorpion: *Günstig für Verbindung, Vereinigung, Mitgefühl. Ungünstig für Trennung.* **25.**/10.53 **Mondpause. 25.**/16.34 Mond im Schützen: *Günstig für Reisen, geistiges Schaffen. Ungünstig für praktisches, detailgenaues Arbeiten.* **27.**/1.58 **Mondpause. 28.**/2.58 Mond im Steinbock: *Günstig für berufliche Vorstöße und offizielle, auch bürokratische Schritte. Ungünstig für persönliche Wunschbefriedigung.* **30.**/8.35 **Mondpause. 30.**/15.27 Mond im Wassermann: *Günstig für Veränderungen und Verlassen eingefahrener Geleise. »Freundschaftsmond«. Ungünstig für Routine.*

Schnee lastet dick auf Dach und Baum.
Die Sonne starb.

Vor meinem Fenster hängt der wilde Wein
Wie trauriges Haar.
Gefrorne Tränen glänzen drin –
Weißt du es noch, als grün der Juni
Durch seine Netze dämmerte?

Im braunen Zimmer steht der Sonnwendbaum
Kerzenbesteckt, mit Äpfeln behangen –
Im Herde singt
Die Flamme tröstlich vom jungen Jahr –
Geduld.

Ina Seidel

Karriere Die Tage bis Weihnachten werden mühsam. Von den Gestirnen kommt wenig Beistand für den obligatorischen Adventsstreß. Dafür wird von Ihren Chefs, Kunden, Kollegen und Klienten um so mehr von Ihnen erwartet. So hetzen Sie von einem Termin zum nächsten und bräuchten im Grunde vier Hände und zwei Köpfe zugleich. Abseilen gilt nicht! Sie befinden sich jetzt an einem Punkt Ihrer beruflichen Entwicklung, wo Ihre Präsenz, Ihr Einsatz und Ihr Können absolut wichtig sind. Also halten Sie durch! Kurz vor Weihnachten erhebt sich Ihre Karrierelinie zum Berg. Das heißt nun beileibe nicht, immer noch Berge von Arbeit erledigen zu müssen. Sie können auf ein erfolgreiches Jahr zurückschauen. Sie haben es geschafft. Ihre Träume sind in Erfüllung gegangen.
Günstige Tage für Geschäfte, Unterschriften, Vorsprachen: 20.–25., 29., 30.
Tage, an denen nichts richtig gelingt: 2., 3., 16.

Liebe Es wird Sie wahrscheinlich ärgern, daß Ihre Liebeslinie gerade während der Advents- und Weihnachtstage unten verläuft. Aber es liegt ja immer auch an einem selbst, was man aus »miesen« Sternen macht. Denn wie sagte Paracelsus schon vor fast fünfhundert Jahren: »Die Sterne machen geneigt, aber verpflichten zu nichts.« Außerdem nimmt Ihre Liebeskurve schon Weihnachten wieder zu, und an Silvester schwingt sie in beträchtlicher Höhe.
Plustage für die Liebe: 1., 2., 6., 30., 31.
Minustage für die Liebe: 13.–18., 22.

Gesundheit Richtig belastbar sind Sie in der ersten Dezemberhälfte nicht. Damit Sie den obligatorischen Vorweihnachtsstreß überhaupt durchstehen, brauchen Sie viel Schlaf, wenig Freizeitbelastung, eine tägliche Extraration Vitamine und weitere Aufbaustoffe. Pünktlich zu Weihnachten hebt Ihre Fitneßlinie richtiggehend ab. Das reicht leicht zum Geschenkeschleppen, Weihnachtsbaumschmücken und zu einem zünftigen Skiurlaub.
Besondere Vorsicht am: 1., 2., 14.–18.

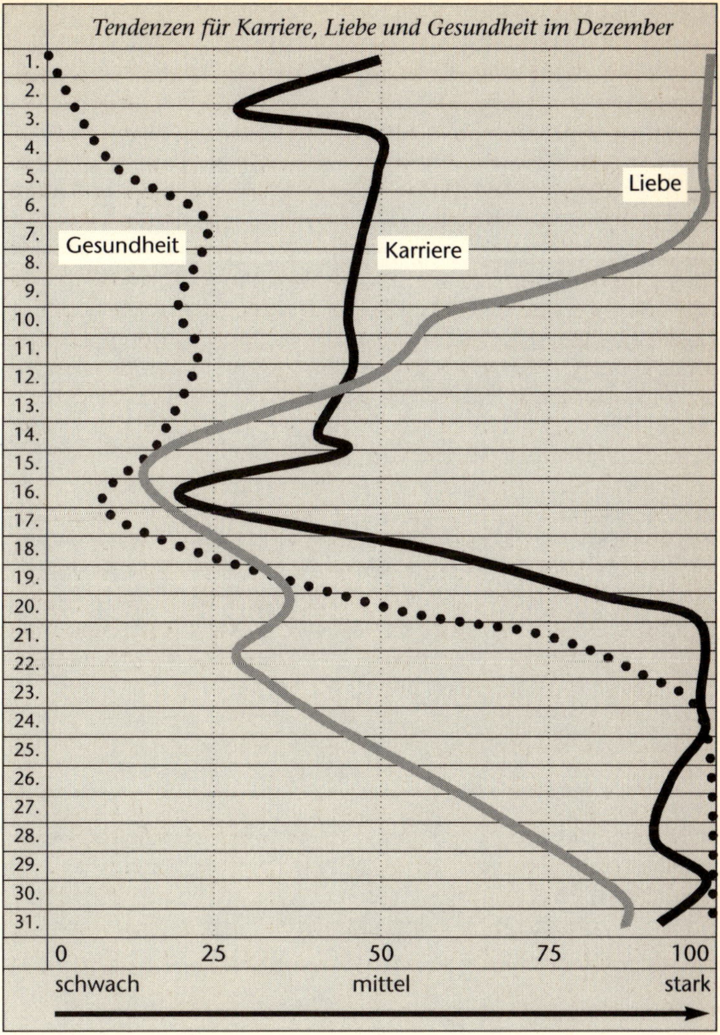

Tendenzen für Karriere, Liebe und Gesundheit im Dezember
1.
2.
3.
4.
5.
6.
7.
8.
9.
10.
11.
12.
13.
14.
15.
16.
17.
18.
19.
20.
21.
22.
23.
24.
25.
26.
27.
28.
29.
30.
31.
Liebe
Gesundheit
Karriere
0
25
50
75
100
schwach
mittel
stark

Mondplaner Dezember

1./0.00 Mond im Wassermann: *Günstig für Veränderungen und Verlassen eingefahrener Geleise. »Freundschaftsmond«. Ungünstig für Routine.* **3.**/1.52 **Mondpause.** **3.**/4.24 Mond in den Fischen: *Günstig für Rückzug, Alleinsein, Meditation, Muße und Beschaulichkeit. Ungünstig für Streß und Verpflichtung.* **5.**/8.28 **Mondpause.** **5.**/15.19 Mond im Widder: *Günstig für Aktivität, Durchsetzung, Neubeginn. Ungünstig für Untätigkeit, Unterordnung.* **7.**/23.24 **Mondpause.** **7.**/22.28 Mond im Stier: *Günstig für Beruhigung, Festsetzung, alle finanziellen Schritte, Sinnlichkeit. Ungünstig für Veränderung.* **9.**/19.02 **Mondpause.** **10.**/1.52 Mond in den Zwillingen: *Günstig für Gespräche, Kontakte, Auftreten. Ungünstig für Konzentration, Stille.* **11.**/15.16 **Mondpause.** **12.**/2.50 Mond im Krebs: *Günstig für emotionale Belange, Familienangelegenheiten, Häuslichkeit. Ungünstig für Trennung, sachlich-trocken-genaues Arbeiten.* **13.**/20.05 **Mondpause.** **14.**/3.10 Mond im Löwen: *Günstig für Kunst, Feiern, Einkaufen, alle repräsentativen Schritte. Ungünstig für Sparsamkeit, Verzicht.* **15.**/20.58 **Mondpause.** **16.**/4.31 Mond in der Jungfrau: *Günstig für Arbeiten, Ordnungschaffen, gesundheitliche Maßnahmen. Ungünstig für Ich-Durchsetzung, Gefühlsbelange.* **18.**/1.42 **Mondpause.** **18.**/8.02 Mond in der Waage: *Günstig für Liebe und Partnerschaft, Kunst und Kultur. Ungünstig für Entscheidungen.* **20.**/12.08 **Mondpause.** **20.**/14.13 Mond im Skorpion: *Günstig für Verbindung, Vereinigung, Mitgefühl. Ungünstig für Trennung.* **22.**/13.29 **Mondpause.** **22.**/22.58 Mond im Schützen: *Günstig für Reisen, geistiges Schaffen. Ungünstig für praktisches, detailgenaues Arbeiten.* **24.**/11.04 **Mondpause.** **25.**/9.55 Mond im Steinbock: *Günstig für berufliche Vorstöße und offizielle, auch bürokratische Schritte. Ungünstig für persönliche Wunschbefriedigung.* **27.**/12.53 **Mondpause.** **27.**/22.27 Mond im Wassermann: *Günstig für Veränderungen und Verlassen eingefahrener Geleise. »Freundschaftsmond«. Ungünstig für Routine.* **30.**/0.49 **Mondpause.** **30.**/11.29 Mond in den Fischen: *Günstig für Rückzug, Alleinsein, Meditation, Muße und Beschaulichkeit. Ungünstig für Streß und Verpflichtung.*

Der südliche Sternenhimmel ist voller mystischer Figuren

WORUM GEHT'S ÜBERHAUPT IM WASSERMANNZEITALTER?

Es ist zwar schon etwa dreißig Jahre her, daß das Musical »Hair« aus der Hippie- und Flower-Power-Zeit uraufgeführt wurde, aber es hat nichts an Aktualität verloren. Allein im Internet finden sich zur Zeit an die 15 000 Einträge zum Suchwort »Musical Hair«. Ein Song daraus – »Aquarius/Let the Sunshine in« – wurde unsterblich: »Wenn der Mond im siebten Hause steht und Jupiter auf Mars zugeht, dann beginnt die Zeit des Wassermanns ...« Spätestens seit diesem Lied ist allenthalben vom Wassermannzeitalter die Rede, das oft auch »New Age« (»neues Zeitalter«) genannt wird. Es wurde zum Überbegriff und Sammelbecken vager Ideen und Visionen, zu denen die Forderung nach Liberalisierung von Drogen genauso gehört wie die Hoffnung, es würden sich endlich die Ideale der Französischen Revolution – Liberté, Égalité, Fraternité (»Freiheit, Gleichheit, Brüderlichkeit«) – erfüllen.
Über den Start ins »New Age« kursieren die unterschiedlichsten Angaben: Hat es in den sechziger Jahren begonnen, als die Flower-Power-Bewegung das Zeitalter des »Love, Peace and Happiness« propagierte? Oder am 12. Januar 1996, als der Planet Uranus das Tierkreiszeichen des Wassermanns betrat? Die dritte Variante: Der 1. Januar 2000, 0.00 Uhr, ist der Beginn des Wassermannzeitalters.
Eine genauere Zeitangabe ist aus folgenden Gründen nicht möglich: Unsere Erde dreht sich bekanntlich um die Sonne (Dauer: ein Jahr) und um die eigene Achse (Dauer: 24 Stunden). Außerdem vollzieht aber auch noch ihre Achse selbst eine Bewegung. Diese letztere ist extrem langsam und hat zur Folge, daß der sogenannte Frühlingspunkt wandert (das ist der Schnittpunkt zwischen der Ekliptik und dem Himmelsäquator), und zwar in zirka 24 000 Jahren einmal rückläufig durch den gesamten Tierkreis.
Die letzten zweitausend Jahre passierte der Frühlingspunkt das Fischezeichen. Daher nennt man diese Periode auch die »Ära der Fische«. Dem Fischezeichen folgt – rückläufig – das Wassermannzeichen, und dorthin weist nun der Frühlingspunkt und läutet eine neue Ära ein: das Wassermannzeitalter. Dieser Übergang von einem Tierkreiszeichen zum nächsten ist jedoch fließend und läßt sich nicht genau festlegen.

WAS DIE NÄCHSTEN JAHRE DEM FISCH BRINGEN

In besonderer Weise werden Ihre Geschicke vom Planeten Neptun bestimmt. Er befindet sich nun schon seit Anfang 1998 im Wassermannzeichen und wird dort auch noch bis 2010 verweilen. Insofern ändert sich also während der kommenden Jahre wenig. Neptun im Wassermann läßt auf zweierlei schließen. Zum einen werden Sie 2000 und in den folgenden Jahren Ihre Individualität weiterentwickeln. Es gilt, die Anlagen, die in Ihnen schlummern, zu vervollkommnen. Von daher ist es sehr wichtig, daß Sie sich immer wieder auf Ihre Bestimmung besinnen und sich nicht nach irgendwelchen anderen noch so gutgemeinten Ratschlägen richten. Sie allein wissen, wo es bei Ihnen langgeht. Und wenn Sie das nicht wissen, dann heißt das, Sie sollten so lange warten, bis Ihnen Ihr Ziel klar vor Augen steht. Als Fischegeborener mit Neptun im Wassermann werden Sie jedenfalls keine breitgetretenen Pfade gehen. Sie brauchen das Besondere, Einmalige. Das zweite ist, daß diese Neptunstellung auf große soziale Stärke verweist. Sie werden in den kommenden Jahren für viele so etwas wie ein Rettungsanker sein, ein »Schiff«, auf dem man sich gerne aufhält. Ich glaube sogar, daß es Ihnen manchmal zuviel werden könnte.
Ein weiterer wichtiger Planet ist Jupiter. Er dirigiert vor allem Ihre beruflichen Erfolge. Jupiter steht im Jahr 2000 vom Februar bis einschließlich Juni günstig. Im Jahr 2001 beginnt im Juli eine starke Phase. Dazu kann Ihnen schon jetzt gratuliert werden. Diese positive Jupiterzeit dauert bis zum August 2002. Noch besser wird nur noch der Abschnitt vom September 2003 bis Oktober 2004: Sie erleben einen echten Höhepunkt, stehen auf dem Gipfel und sind umringt von vielen Bewunderern.
Der dritte wichtige Planet heißt Saturn. Er nimmt im Jahr 2000 eine für Sie günstige Position im Tierkreiszeichen Stier ein (mit Ausnahme der Tage zwischen dem 10. August und 16. Oktober). Auch während der ersten vier Monate des Jahres 2001 kommen Sie in den Genuß eines Ihnen wohlgesinnten Saturn. Noch besser wird dann die Phase zwischen Juni 2003 und Juli 2005. Saturn befindet sich nun im Tierkreiszeichen Krebs: Sie werden begünstigt, Ihr Erfolgsquotient steigt, die Menschen achten und bewundern Sie. Diese Krebsphase wäre auch auf lange Sicht am geeignetsten, um eine Familie zu gründen.

Weitere bedeutsame Veränderungen in den nächsten Jahren

23. 8. 2001 bis 18. 5. 2002 *Lilith in den Fischen:* Mit dieser Position Liliths (des »Schwarzen Mondes«) verstärkt sich der Wunsch nach Mystik und Esoterik – es geht Ihnen diesbezüglich ähnlich wie dem Skorpion: Sie spüren regelrecht, daß Ihnen Ihre fünf Sinne nicht die Antworten auf die Fragen geben können, die Sie so brennend interessieren: Was ist das Leben, und was steckt eigentlich dahinter? Was geschieht, wenn Sie einmal diesen Körper verlassen? Was bewegt die Menschen? Der Wunsch, einen helfenden oder sozialen Beruf zu ergreifen, wird jetzt besonders stark. Anderseits bewirkt diese Lilithposition ein enormes Anwachsen Ihres Gefühlslebens, Ihrer Sinnlichkeit, Ihrer Leidenschaft. Vor allem, wenn Sie eine Frau sind, kann Lilith Sie in eine Furie verwandeln, wenn Sie nicht das bekommen, was Ihnen zusteht.

2003 bis 2010 *Uranus in den Fischen:* In dieser extrem langen Periode wird sich Ihr Leben auf sanfte, aber beständige Weise ändern. Ihr Unabhängigkeitsbedürfnis erstarkt. Berufliche Positionen gleichermaßen wie Partnerschaften werden nur dann fortgeführt, wenn sie Ihnen wirklich Befriedigung und Freude verschaffen. Man kann sagen, daß Ihr Leben am Ende dieser acht Jahre eine ganz andere Richtung nehmen wird.

26. 10. 2005 bis 23. 11. 2006 *Jupiter im Skorpion:* Das wird ein Jahr mit intensiven Liebesbeziehungen. Sie begegnen faszinierenden Menschen, die Ihnen andere Welten und Dimensionen eröffnen. Dies ist auch eine Phase, in der Sie sehr erfolgreich sind.

IHR WASSERMANNHOROSKOP

Nicht allein Ihr Sonnenzeichen, also Fische, entscheidet darüber, wie Sie im neuen Jahrtausend und damit im Wassermannzeitalter zurechtkommen, sondern auch die Position des Uranus. Uranus ist nämlich der Planet des Tierkreiszeichens Wassermann und damit der Vertreter der Wassermannära. Er läuft in 84 Jahren einmal um die Sonne, so daß er in den einzelnen Tierkreiszeichen im Schnitt sieben Jahre

verweilt. Jeder dieser siebenjährigen Aufenthalte weckt ein bestimmtes gesellschaftliches »Klima« und zeigt, welche Inhalte des Wassermannzeitalters spezifisch verwirklicht werden. Kennt man die eigene Geburtsposition des Planeten Uranus (sie läßt sich der folgenden Uranustabelle entnehmen), kann man auch schlußfolgern, wie sich das eigene Wassermannpotential im Laufe des Lebens entwickelt.
Und so finden Sie Ihre persönliche Uranusposition: Suchen Sie Ihren Geburtstag in der folgenden Uranustabelle, und entnehmen Sie Ihre Uranusposition. Suchen Sie dann den entsprechenden Text im Anschluß an diese Tabelle. Ist Ihr Geburtstag zum Beispiel der 16. März 1963, lautet Ihre Uranusposition VI. Lesen Sie dann unter der Überschrift »VI Sichere Zukunft ...« Ihre individuelle Vision für die nächsten Jahre des dritten Jahrtausends.

Die Uranustabelle

1920* 1.1.–22.1. XI a, 23.1.–31.12. XII a, **1921–1926** XII a, **1927** 1.1.–31.3. XII a, 1.4.–4.11. I, 5.11.–31.12. XII a, **1928** 1.1.– 13.1. XII a, 14.1.–31.12. I, **1929–1933** I, **1934** 1.1.–6.6. I, 7.6.–10.10. II, 11.10.–31.12. I, **1935** 1.1.–28.3. I, 29.3.–31.12. II, **1936–1940** II, **1941** 1.1.–7.8. II, 8.8.–5.10. III, 6.10.–31.12. II, **1942** 1.1.–15.5. II, 16.5.–31.12. III, **1943–1947** III, **1948** 1.1.–30.8. III, 31.8.–12.11. IV, 13.11.–31.12. III, **1949** 1.1.–10.6. III, 11.6.–31.12. IV, **1950–1954** IV, **1955** 1.1.–24.8. IV, 25.8.–31.12. V, **1956** 1.1.–28.1. V, 29.1.–9.6. IV, 10.6.–31.12. V, **1957–1960** V, **1961** 1.1.–1.11. V, 2.11.–31.12. VI, **1962** 1.1.–10.1. VI, 11.1.–9.8. V, 10.8.–31.12. VI, **1963–1967** VI, **1968** 1.1.–28.9. VI, 29.9.–31.12. VII, **1969** 1.1.–21.5. VII, 22.5.–23.6. VI, 24.6.–31.12. VII, **1970–1973** VII, **1974** 1.1.–21.11. VII, 22.11.–31.12. VIII, **1975** 1.1.–1.5. VIII, 2.5.–8.9. VII, 9.9.–31.12. VIII, **1976–1980** VIII, **1981** 1.1.–16.2. VIII, 17.2.–21.3. IX, 22.3.–16.11. VIII, 17.11.– 31.12. IX, **1982–1987** IX **1988** 1.1.–14.2. IX, 15.2.–27.5. X, 28.5.–2.12. IX, 3.12.–31.12. X, **1989–1994** X, **1995** 1.1.–1.4. X, 2.4.–9.6. XI b, 10.6.–31.12. X, **1996** 1.1.–12.1. X, 13.1.–31.1. XI b, **1997–2002** XI b, **2003** 1.1.–10.3. XI b, 11.3.–15.9. XII b, 16.9.–31.12. XI b

* Siehe auch die Anmerkung zur Mondtabelle auf S. 95.

I Immer mehr vom eigenen Ich ...

Passend zur Jahrtausendwende hat sich Ihr Leben von Grund auf geändert: neues Glück, neue Ziele. Die Liebe spielt in den Jahren zwischen 2002 und 2006 eine Nebenrolle. Was Sie jetzt vor allem interessiert, ist Ihre »Selbstentfaltung«. Horizonte öffnen sich, und Perspektiven tun sich auf. Daß Sie noch mal die Schulbank drücken, ist unwahrscheinlich, aber ein Kurs in der Volkshochschule oder einer ähnlichen Einrichtung – zum Beispiel über Töpfern, Philosophie oder Astrologie –, das liegt durchaus im Bereich des Möglichen. Ab dem Jahr 2006 jedenfalls sind Sie mit einer neuen Kraftquelle verbunden und fühlen sich für die nächsten fünf, sechs Jahre so neugierig und unverbraucht wie ein Teenager!

II Noch mehr Sinnlichkeit ...

Auch mit zunehmendem Alter werden Sie Ihre Sinnlichkeit nicht ablegen. Allerdings wandert sie von den unteren Chakras – also vom eigentlichen Zentrum der Lust – immer weiter hinauf in höhere Regionen: Sie begeistern sich an Musik, der Schönheit der Natur oder einem köstlichen Wein. Und das »befriedigt« Sie sogar noch mehr als früher ein toller Orgasmus. Sehr abwechslungsreich gestaltet sich Ihr Berufsleben. Da fallen in den nächsten Jahren wichtigste Entscheidungen. Trotz Ihres fortgeschrittenen Alters liegen ein Stellenwechsel und sogar ein völliger Neubeginn im Bereich des Möglichen. Zögern Sie nicht, entsprechende Gelegenheiten beim Schopf zu packen. Sie gehören noch lange nicht zum alten Eisen!

III Immer erfüllter ...

Bis einschließlich 2003 steht Ihr Uranus in einer für Sie günstigen Position. So lange werden Sie weiter Ihre verrückten Ideen produzieren und immerzu alles ganz anders als die anderen machen. In diesen Zeiten ist es auch möglich, daß Sie sich noch einmal (wie schon so oft?!) in einen Neuen bzw. eine Neue verlieben. Ab dem vierten Jahr nach der Jahrtausendwende wird es endlich ruhiger. Sie leben in einer Beziehung – oder sind glücklich, weil Sie allein sind. Was Ihren Beruf betrifft, läuft es ähnlich. Bis zum Jahr 2003 sind Sie aktiv, steigen auf, wechseln Ihren Job. Danach basteln Sie an einer ganz anderen Sache als Ihrer Karriere, nämlich einem erfüllten Lebensabend, reisen, bleiben jung und vor allem ungeheuer fit im Kopf.

IV Mobil bleiben ...

Wenn Sie jetzt noch oder wieder »Single« sind, trösten Sie sich: Ihr Schicksalsjahr kommt 2004: Sie wechseln die Stadt oder ziehen sogar ins Ausland – und dort werden Sie ihn vielleicht doch noch finden, Ihren Traumpartner ... Hauptsache, Sie bleiben mobil! Denn in den ersten vier Jahren des neuen Jahrtausends werden Sie wahrscheinlich mindestens dreimal umziehen und genausooft Ihre Stelle wechseln. Das klingt zwar nach Streß, aber beschert Ihnen so viel aufregende, wunderbare Veränderungen, daß Sie die schlaflosen Nächte und hektischen Wochenenden gern in Kauf nehmen. Natürlich machen Sie das alles nicht einfach so zum Vergnügen, sondern weil's Sie beruflich noch weiter voranbringt. Geradlinig und schnurstracks nach oben verläuft Ihr Berufsweg deswegen trotzdem nicht – zwischendurch müssen Sie herbe Rückschläge einstecken.

V Immer mehr bekommen ...

Wenn es ihn wirklich gibt, Ihren Märchenprinzen bzw. Ihre Märchenprinzessin, dann haben Sie in den ersten vier Jahren des neuen Jahrtausends durchaus gute Chancen, ihm/ihr tatsächlich in die Arme zu laufen. Und auch jenseits der Liebe, etwa im Beruf, versprechen die Jahre bis 2004 Großes – und erinnern sogar ein bißchen an Ihre tolle Kindheit, als Sie (fast) immer alles kriegten, was Sie wollten.

VI Sichere Zukunft ...

Mit Flexibilität kommen Sie – nicht nur in der Liebe bzw. Partnerschaft – am weitesten. Sie haben ab 2000 viele Möglichkeiten, Ihrem Leben eine neue Richtung zu geben, und die sollten Sie auch ausprobieren. Unter Umständen ist sogar ein Orts- und Berufswechsel angezeigt. Ab dem Jahr 2003 sitzen Sie dann fest im Sattel – und zwar ziemlich weit oben.

VII Sie werden ankommen …

Bis einschließlich 2001 ist Ihnen Uranus sehr nah. Das bedeutet, daß Sie Ihren Traumpartner finden können. Sie haben dann auch einen Beruf, der Ihnen genug Zeit und Raum für Ihre kreativen Höhenflüge läßt. Ab 2002 wird Ihr Leben merklich ruhiger – und das kommt Ihnen sehr entgegen. Denn endlich haben Sie gefunden, wonach Sie so lange suchten.

VIII Es geht klar aufwärts …

Ihr Uranus treibt's augenblicklich bunt. Wundern Sie sich also nicht, wenn Ihr (Liebes)leben einer ständigen Achterbahnfahrt gleicht und Sie einen Looping nach dem anderen verkraften müssen. Ab 2001 wird das Tempo gemächlicher: Zeit zum Verschnaufen und um den Blick fürs Wesentliche zu schärfen. Denn das wiederum ist die Voraussetzung, um spätestens ab 2003 die Topposition zu übernehmen, für die Sie schon lange vorgesehen sind.

IX Durchstarten …

Jetzt oder nie! Gleich zu Beginn des Wassermannzeitalters haben Sie die Chance, schulisch, eventuell sogar schon beruflich durchzustarten und von Tag zu Tag besser zu werden. Erst 2002 läßt der Aufwärtstrend nach; dann ist zunächst das Ende der Überfliegerära erreicht. Doch bis dahin sollten Sie Ihre grundlegende Ausbildung abgeschlossen und einen tollen Partner gefunden haben, um überall leben und lieben zu können – und das wird eher irgendwo in dieser weiten Welt sein als an dem Ort, an dem Sie geboren wurden.

X Große Aufgaben …

Menschen mit dieser Uranusposition sind zur Zeit noch so jung, daß man sie üblicherweise duzt. Warum nicht auch hier? Also, allmählich fängst du an, von dir reden zu machen. Und was du schon lange weißt, erkennen nun auch die anderen, nämlich daß du blitzgescheite Ideen mit Hand und Fuß hast und bereits jetzt genau zu wissen scheinst, was dieser Welt fehlt. Mit anderen Worten: Unter den Menschen mit dieser Uranusstellung befinden sich die zukünftigen Profis in Sachen Überleben im Wassermannzeitalter. Im Jahr 2002 verlierst du vorübergehend die Orientierung. Aber zwei Jahre später schlagen die ersten von euch einen Weg ein, der zu den entscheidenden Positionen führt.

XI a Neue Jugend ...

Für Sie ist der Beginn des neuen Zeitalters wie das Eintauchen in einen Jungbrunnen. Sie spüren neue Kraft, Ihr Herz schlägt schneller, Sie fühlen sich jünger. Sogar die Liebe kommt noch mal zu Ihnen. Nicht unbedingt die körperliche Liebe, sondern die des Geistes. Und sie wird grenzenlos tief und weit sein.

XI b Hoffnungsvoll ...

Ein wenig bist du schon ein Kind des Wassermanns, schließlich bist du mehr oder weniger exakt zur Zeit des Übergangs geboren. In dir schlummert also schon die zukünftige Zeit. Natürlich dauert es noch ein paar Jahre, bis sie richtig zutage treten kann. Aber sei versichert, du wirst die Menschheit mit deiner ungeheuren geistigen Kraft in eine neue Zeit lenken. Ungefähr im Jahr 2010 wirst du zum ersten Mal groß auftreten und alle Welt in Erstaunen versetzen.

XII a Ruhe und Erfüllung ...

Auch wenn Sie von den zweitausend Jahren in der Ära der Fische »nur« achtzig Jahre mitbekommen haben, es reicht. Diese Zeit setzte Sie permanent unter Druck, etwas zu leisten, jemand zu sein, etwas zu gelten. Sie haben viel erlebt, jede Menge durchgemacht und blicken heute auf ein reiches Leben zurück. Und jetzt, während der letzten Jahrzehnte Ihres Erdendaseins, dürfen Sie entspannen und genießen. In ganz besonderer Weise werden Sie die Jahre ab 2003 als einen wahren Segen erleben.

XII b Die Zukunft ruft ...

Du wirst mitten hineingeboren in einen Umsturz, eine kolossale Veränderung. Deine Eltern werden dir wahrscheinlich später erzählen, daß alles ganz anders war, bevor du auf die Welt gekommen bist – in der alten Zeit vor der Jahrtausendwende. Du selbst wirst ein strahlendes Kind der neuen Zeit sein, voller Kraft und Licht, voller Ideen für eine bessere Welt. Natürlich wird es noch ein paar Jahre dauern, bis du an der Neugestaltung entscheidend beteiligt bist. Aber das eine kann jetzt schon gesagt werden: Deine Gegenwart verändert die Menschen und läßt sie sanfter und liebevoller werden.

Literaturverzeichnis

Chansons d'amour. Chansons populaires de France
Ausgew. und hrsg. von Josef Hofmiller
Karl Rauch Verlag, o. O., 1938
(Au clair de la lune)

Deutsche Dichtung der Neuzeit
Ausgew. von Ernst Bender
Verlag G. Braun Karlsruhe 1957
(Gottfried Keller, Winternacht; Rainer Maria Rilke, Vorfrühling; Detlev von Liliencron, Schöne Junitage)

Novalis, Gedichte und Gedanken
Insel-Bücherei
Insel Verlag Leipzig, o. J.
(Novalis, Es sind nicht die bunten Farben, die lustigen Töne und ...)

Georg Heym, Gedichte
Fischer Bücherei KG Frankfurt am Main und Hamburg, 1962
(Georg Heym, Blau – Weiß – Grün)

Theodor Storm, Werke in einem Band
Hrsg. von Peter Goldammer
Carl Hanser Verlag München 1988
(Theodor Storm, Mai)

Das Buch der Lyrik
Hrsg. von Theodor Müller-Ahlfeld und Hannes Kraft
Deutsche Buchgemeinschaft Berlin und Darmstadt 1954
(Conrad Ferdinand Meyer, Schnitterlied und Schwarzschattende Kastanie; Friedrich Hebbel, Herbstlied; Ina Seidel, Jahrabwärts)

Eduard Mörike, Sämtliche Werke I
Artemis & Winkler
Winkler Verlag München 1967
(Eduard Mörike, Septembermorgen)

Georg Trakl, Gesang des Abgeschiedenen
Insel Verlag Wiesbaden 1955
(Der Herbst des Einsamen)

Info:

IHR PROFESSIONELL ERRECHNETES HOROSKOP

Im Computerzeitalter ist es wie gesagt ein leichtes, die exakte Horoskopzeichnung eines Menschen in Sekundenschnelle anzufertigen, wenn man die dazu erforderlichen Daten (siehe unten) eingegeben hat. Es dauert auch nicht lange, bis der Rechner dann die entsprechenden Deutungen aus Textbausteinen zusammenstellt. Daher gibt es inzwischen zahlreiche Anbieter, bei denen Sie mehr oder weniger preisgünstig Horoskope mit und ohne Interpretation erhalten können.
Beim Verfasser dieses Buches kann man gegen Vorauszahlung von DM 20,– (in bar oder als Scheck) ein farbiges Geburtshoroskop bestellen. Bitte Name, Adresse, Geburtstag, Geburtszeit (gegebenenfalls beim Standesamt des Geburtsortes erfragen) und Geburtsort (bei kleineren Orten auch zusätzlich die nächste größere Stadt) angeben.
Sie haben dann eine zuverlässige Vergleichsmöglichkeit, wenn bei Ihren bisherigen Berechnungen Unsicherheiten bestehen, und können in Büchern wie diesem ausgiebig schmökern, um herauszufinden, was die einzelnen Konstellationen der Gestirne über die jeweiligen Aspekte Ihrer Persönlichkeit aussagen.
Wenn Sie möchten, können Sie hier auch eine vom Computer erstellte Persönlichkeitsanalyse anfordern. Der Preis für die etwa zwanzig Seiten umfassende Interpretation beträgt DM 40,– inklusive Horoskop.

Die Adresse:

Erich Bauer
Postfach 22 11 15

80501 München